O DEUS
SUFICIENTE

D. MARTYN LLOYD-JONES

O DEUS SUFICIENTE

SERMÕES SOBRE ISAÍAS 40

Ágape

São Paulo, 2018

O Deus suficiente: sermões sobre Isaías 40
The All-Sufficient God: Sermons on Isaiah 40
Copyright © by Lady Catherwood and Mrs Anne Beatt 2005
Originally published in English under the title *The All-Sufficient God*
by The Banner of Truth Trust, Edinburgh EH12 6EL, U K
All rights reserved.
Copyright © 2018 by Editora Ágape Ltda.

COORDENAÇÃO EDITORIAL: Rebeca Lacerda
PREPARAÇÃO: Breno Noccioli
REVISÃO: Fernanda Guerriero Antunes
CAPA: Dimitry Uziel
DIAGRAMAÇÃO: Rebeca Lacerda

EDITORIAL
João Paulo Putini • Nair Ferraz • Rebeca Lacerda
Renata de Mello do Vale • Vitor Donofrio

AQUISIÇÕES
Renata de Mello do Vale

Texto de acordo com as normas do Novo Acordo Ortográfico da Língua Portuguesa (1990), em vigor desde 1º de janeiro de 2009.

**Dados Internacionais de Catalogação na Publicação (CIP)
Angélica Ilacqua CRB-8/7057**

Lloyd-Jones, D. Martyn
   O Deus suficiente : sermões sobre Isaías 40 / D. Martyn Lloyd-Jones ; tradução de Tássia Carvalho. -- Barueri, SP : Ágape, 2018.

   Título original: The All-Sufficient God

   1. Sermões - Sínteses, compêndios, etc. 2. Cristianismo 3. Bíblia. A.T. Isaías - Pregação I. Título II. Carvalho, Tássia

18-0395   CDD-252.02

Índice para catálogo sistemático:

1. Sermões - Profeta Isaías   252.02

EDITORA ÁGAPE LTDA.
Alameda Araguaia, 2190 – Bloco A – 11º andar – Conjunto 1112
CEP 06455-000 – Alphaville Industrial, Barueri – SP – Brasil
Tel.: (11) 3699-7107 | Fax: (11) 3699-7323
www.editoraagape.com.br | atendimento@agape.com.br

Sumário

1 – A mensagem de consolo de Deus | 7
2 – O Único Caminho | 26
3 – A glória de Deus | 42
4 – Uma salvação garantida, um Salvador poderoso | 60
5 – O Bom Pastor | 69
6 – "Aqui está o seu Deus!" | 91
7 – A sabedoria de Deus | 110
8 – A resposta à descrença | 131
9 – O Deus suficiente | 151

1 A MENSAGEM DE CONSOLO DE DEUS[1]

CONSOLEM, consolem o meu povo, diz o Deus de vocês. Encorajem a Jerusalém e anunciem que ela já cumpriu o trabalho que lhe foi imposto, pagou por sua iniquidade, e recebeu da mão do Senhor em dobro por todos os seus pecados. (Is 40:1,2)

Penso que, independentemente do cálculo ou mesmo da perspectiva adotada, devemos considerar o capítulo 40 de Isaías um dos mais eloquentes e emocionantes da Bíblia. Ele traduz uma daquelas afirmações poderosas que asseguramos jamais serem encontradas fora da Bíblia. É incomparável em razão da linguagem e do equilíbrio da fraseologia, do pensamento e da melodia cadenciada da expressão. E, nisso, talvez haja certo perigo em relação a esse excepcional capítulo: o de que alguém o leia somente de um modo literário, artístico ou estético, e assim não consiga compreender o que de fato tem a transmitir. Afinal, estamos certos de que esse capítulo não foi escrito apenas do ponto de vista literário.

---

[1] Esta série de sermões foi pregada na Capela de Westminster em 1954.

Isaías não estava preocupado em produzir uma obra-prima da literatura. Era um homem tomado pelo Espírito Santo de Deus, um homem inspirado a quem foi dada uma mensagem, e que se preocupava com isso. É uma mensagem tão excepcional e maravilhosa que, em certo sentido, qualquer pessoa que realmente a entenda não consegue deixar de ser eloquente e, fascinado, sentir-se motivado por ela. Sem dúvida, foi o que aconteceu com Isaías. A verdade era tão extraordinária e tão majestosa, tão avassaladora, que a linguagem quase lhe falta. No entanto, Isaías nos transmitiu essa poderosa e gloriosa expressão da verdade.

Agora, o objetivo imediato de Isaías era difundir uma mensagem aos filhos de Israel. Ela foi transmitida a esse profeta para que visse antecipadamente o que aconteceria com a nação – o sofrimento, a conquista e o cativeiro em um lugar chamado Babilônia –, e Isaías tem contado a todos essa realidade na primeira parte do livro. Mas ele recebe outra mensagem: tais pessoas serão resgatadas, libertas do cativeiro da Babilônia e devolvidas ao seu país e à cidade de Jerusalém. Sem dúvida, é essa a principal mensagem dessa excepcional parte da Escritura. Uma palavra relevante e iminente aos próprios filhos de Israel, e por isso, nesse sentido, uma profecia iminente. E foi de fato comprovada porque trouxeram um remanescente de volta do cativeiro. Aqueles que assim escolheram, voltaram. Nesse aspecto, portanto, a profecia foi cumprida.

Mas chamo a atenção para essa passagem por outro motivo, de novo, completamente bíblico. Aqueles que estão familiarizados com as Escrituras saberão que tais versículos – e outros neste capítulo – são citados nos três primeiros Evangelhos: Mateus, Marcos e Lucas, nos quais fica perfeitamente inequívoco e claro que, além da referência imediata aos filhos de Israel no cativeiro da Babilônia, também vemos um maravilhoso prenúncio e uma indicação do Evangelho cristão ainda por vir. Portanto, esse capítulo é uma profecia daquilo que encontramos descrito em detalhes nas páginas do Novo Testamento. E é sob esse ângulo que desejo considerar esses dois versículos com vocês agora, ou seja, estamos estudando-os porque o próprio Evangelho do Novo Testamento invoca que o façamos.

Tal passagem resume, de modo notável, o que realmente é a mensagem da fé cristã. De imediato, ela nos mantém face a face com algumas das inigualáveis e fundamentais características do Evangelho. Esta é a coisa mais notável do Evangelho de Jesus Cristo: está prenunciado e profetizado no Antigo Testamento, e, portanto, aconteceu e encontramos a descrição e os testemunhos sobre ele no Novo. Muitas vezes é bom olhar para o Evangelho segundo as imagens e os prenúncios do Velho Testamento, porque tudo é colocado de forma simples e pictórica, talvez facilitando nosso entendimento.

Além disso, estou considerando esses versículos porque ainda existe um significativo mal-entendido e confusão quanto ao significado do Evangelho cristão, da mensagem cristã. Nunca me canso de dizer, e acho que seja cada vez mais o caso, que muitas pessoas que não são cristãs e estão fora da igreja talvez nunca tenham estado em um lugar de culto por muitos anos porque têm uma ideia completamente distorcida do Cristianismo. Em vez de ler a Bíblia, fizeram suposições. Quando crianças, talvez tenham ouvido alguém dizendo alguma coisa negativa – é possível que uma pessoa com preconceito contra o Cristianismo o tenha desvalorizado –, e aceitaram isso. Passaram toda a vida até agora afirmando que não há nada no Cristianismo, que está desgastado, que as igrejas, desesperadas e infrutíferas, só pensam em dinheiro, e assim por diante – as críticas usuais –, e nunca de fato ponderaram sobre tais coisas. Como resultado, quando realmente conhecem a mensagem cristã e ouvem do que se trata, dizem, e o fazem cada vez mais: "Eu nunca soube que era isso!", pois se revela uma grande surpresa para elas.

Claro que conseguimos entender essa surpresa. Se assumirmos como nosso padrão as habituais ideias sobre o Cristianismo, então nos perderemos. Se não chegarmos à própria Bíblia, e se não acreditarmos na mensagem dela, como assimilaremos uma verdadeira concepção do Evangelho? E de fato não sabemos nada sobre o Cristianismo para além do que temos nesse livro. Isso não se trata do que alguém pensa. O pensamento de uma pessoa é tão bom quanto o de outra. O importante não é o que eu penso sobre o Cristianismo, mas o que a Bíblia diz. Portanto, precisamos nos voltar para ela e sua mensagem. Precisamos lê-la e estudá-la e, então, descobriremos ali uma excepcional mensagem, que nos é colocada de maneiras diferentes e apresentada de diferentes formas, embora sejam sempre a mesma. E aqui, nesses dois versículos no início desse eloquente e emocionante capítulo, encontramos imediatamente resumidos alguns desses elementos essenciais. Então, permitam-me tentar discriminá-los para vocês.

A primeira coisa que sempre precisamos entender sobre o Evangelho de Jesus Cristo é que se trata de uma mensagem enviada por Deus. É Deus quem está falando. É Deus que está transmitindo uma mensagem a este homem, Isaías. É Deus que está dizendo: "Consolem". É Deus, o próprio Todo-Poderoso, que ordena a Isaías que fale. Por que assim inicio, e por que enfatizo tal aspecto? Porque, se não formos claros nisso, nunca seremos claros em qualquer outra coisa. É relevante que compreendamos logo que o modo de vida cristão e o modo de salvação cristão são inteira e completamente de Deus. A maior tragédia no mundo atual é a visão que as pessoas comuns têm de Deus. E todos nós somos culpados disso, certo? Pensamos em Deus como alguém que está contra nós, um espectro e um poder horríveis, um potentado terrível que se opõe a homens e mulheres e nunca Se sente feliz, em certo sentido, até que todos, miseráveis, rastejem a Seus pés. A pessoa comum pensa em Deus como alguém que Se encanta em nos punir, que está completamente contra nós e quer nos manter depressivos. Portanto, Deus e toda a religião foram considerados por homens e mulheres como totalmente opostos a nós. Mas essa é uma caricatura da verdade; é acreditar ser verdade o oposto do que é.

No entanto, há outras pessoas que não compactuam com essa visão. Em vez disso, incorporam a ideia de que se tornar cristão resulta do próprio esforço individual de que cristãos são aqueles que fizeram de fato um imenso esforço e que, decidindo e desejando viver uma vida melhor, se entregaram a ela. Assim, vão para locais de culto, leem suas Bíblias e oram, porque estão tentando ser melhores. A ideia de ser cristão as alcançou, e, colocando-a em prática, estão tentando encontrar Deus. Mas Deus parece distante, sempre inatingível. Quantos existem com essa visão do Cristianismo! Pensam que é essencialmente uma atividade humana, alguma coisa que homens e mulheres fazem, e, embora Deus pareça a eles relutante em responder, ainda esperam ir em busca Dele e procurá-Lo até que, enfim, O descubram e cheguem à verdade.

Mas, de novo, essa concepção está totalmente errada. A primeira declaração do Evangelho é que isso vem de Deus, é a ação de Deus, a atividade de Deus. Não importa onde abram a

Bíblia, encontrarão tal ideia. De acordo com a Bíblia, o primeiro homem e a primeira mulher começaram uma relação correta com Deus, mas, em insólita insensatez, voltando-se contra Ele, perderam-se e sofreram toda a miséria que homens e mulheres até hoje ainda estão sofrendo. E a mensagem inteira da Bíblia centra-se apenas em nos dizer que, em vez de falar a Si mesmo: "Bem, se eles escolheram assim, que continuem nesse caminho e colham as consequências", Deus disse exatamente o oposto. Não há mensagem alguma no livro, exceto a de que Deus, o próprio Deus que as pessoas insultaram e contra quem se rebelaram, está tão preocupado com elas, que Ele mesmo fez a única coisa que poderia ser feita para resgatá-las e redimi-las.

Basta que leiam os primeiros capítulos do livro de Gênesis para descobrirem que Deus atuou para salvar seres humanos derrotados. Quando Adão pecou, Deus foi até ele e disse: "Apesar da sua atitude, vou fazer algo sobre isso". E prometeu que a semente da mulher feriria a cabeça da serpente. E, lendo o Antigo Testamento, vocês encontram Deus mantendo essa mesma promessa diante de todos. Ele continuamente envia mensageiros e, por meio deles, a única excepcional mensagem quanto ao que prometeu fazer em relação aos homens e mulheres no pecado: a de que os redimirá e resgatará. É Deus quem envia a mensagem resumida perfeitamente nestes versículos: "Consolem, consolem o meu povo, diz o Deus de vocês".

Portanto, permitam-me convidá-los, como uma pessoa justa, a ler sua Bíblia e a testar quaisquer pontos de vista que tenham mantido até agora sobre Deus e o Cristianismo em termos do que a Bíblia diz. Se lerem o Antigo Testamento, descobrirão que aqueles filhos de Israel, sempre se afastando de

Deus, seriam destruídos se Ele não os tivesse alcançado. Deus tentou impedi-los de seguir o caminho errado, mas, quando não O ouviram, ainda assim não os abandonou. Como eu disse, Isaías 40 aborda essa questão. A Bíblia inteira é Deus: Deus enviando seus pregadores e servos, Deus transmitindo a mensagem.

E, é claro, acima e além de tudo, a mensagem da Bíblia está em: "Porque Deus tanto amou o mundo que deu o seu Filho Unigênito" (Jo 3:16a). O próprio Filho de Deus veio como um bebê e viveu como um homem. Sofreu e resistiu até morrer em uma cruz. Deus enviou-O para passar por isso de modo que vocês e eu pudéssemos ser redimidos e reconciliados com Deus e, assim, desfrutássemos uma nova vida. É tudo de Deus. Estou sendo claro? Pergunto-me se há alguém que ainda continua com essa terrível noção de que Deus está de alguma forma contra nós. Meus queridos amigos, em virtude de Deus ter consideração por nós e também do eterno amor no coração Dele, vocês e eu somos capazes de contemplar esse mesmo Evangelho. Deus, o Deus que criou, é o Deus que salva. É a iniciativa de Deus, Sua ação do começo ao fim.

O segundo elemento essencial da mensagem cristã, que vemos nos dois primeiros versículos de Isaías, se refere à condição daqueles a quem a mensagem se destina. A quem Deus está enviando a mensagem por meio de Seu servo, o profeta? Muito graficamente a resposta é colocada diante de nós aqui. Àqueles que estão travando uma guerra: "Encorajem a Jerusalém e anunciem que ela já cumpriu o trabalho que lhe foi imposto, pagou por sua iniquidade, e recebeu da mão do Senhor em dobro por todos os seus pecados." Mais uma vez, esse é um dos pontos fundamentais do Evangelho cristão. De acordo com a Bíblia, todos nós, por natureza e até nos tornarmos cristãos, estamos em estado de conflito. O que isso significa? Bem, sabemos alguma coisa nesse sentido. A guerra significa um tipo pesado de serviço. Ou, para colocar a ideia de modo ainda mais gráfico e com simplicidade, significa tempos difíceis. E, de acordo com a mensagem da Bíblia, é essa a condição da humanidade, e a mensagem se destina a pessoas em tal situação.

Imagino ser necessária uma pausa para enfatizar que estamos em estado de guerra. Tenho de convencer alguém da verdade dessa afirmação? Vocês estão em estado de paz, amigos? Sentem paz interior? Podem dizer que, na medida em que estão preocupados, não existe guerra em sua vida? Não há ondulação alguma na superfície do mar da sua alma? Não há conflitos? Vocês acham que é uma coisa simples e fácil ser bom e se manter no caminho correto? Não vivem conflito algum com luxúria, paixão, desejo e inveja? Sua vida é perfeitamente calma, equilibrada e pacífica? Toda pessoa sincera sabe de imediato que não. Há uma terrível guerra, um terrível conflito, no peito humano. "Para os ímpios, não há paz" (Is 57:21). Como tais palavras são verdadeiras!

E então, o que acontece em seus relacionamentos? E quanto à situação entre vocês e os outros; sim, entre vocês e seus pais, entre vocês, talvez, e o marido ou a esposa? E entre vocês e seus filhos? E quanto à relação entre vocês e pessoas com quem trabalham e entre aquelas com quem vivem e em todas as parcerias da vida? Há paz?

De novo, sabemos perfeitamente a resposta: é uma guerra. Não há descanso; não há tranquilidade alguma. A vida é uma luta. Difícil. Devastadora. As coisas parecem "nos botar pra baixo", como dizemos. "Frustração" – essa é a palavra atual, não é? Estamos lutando contra alguma coisa.

Sempre esperamos que a situação melhore; na realidade, temos certeza de que assim será. Os políticos sempre fazem essa promessa. Toda guerra será a última: só ocorreu em razão de alguma pessoa em particular. Nós mesmos dizemos que estamos bem. Se aparecer uma oportunidade, alcançaremos sucesso. Mas ele não vem. "Esperávamos a paz, mas não veio bem algum; esperávamos um tempo de cura, mas há somente terror" (Jr 8:15). Em toda nossa vida, interior e exterior, encontramos luta, dificuldade e trabalho. O mundo atual retrata essa cena de forma muito eloquente, não é? Os jornais descrevem a situação muito melhor do que consigo fazê-lo. Pode-se ver tais conflitos em todos os relatos de litígios e em todos os processos judiciais. Pode-se ler sobre os roubos, a insegurança e a desordem moral. Pode-se ver a fadiga e o desânimo de tudo.

Minhas palavras não significam que estou condenando as pessoas. Lamento por elas. Tenho frequentemente dito deste púlpito, e digo mais uma vez agora, que não concordo com aqueles que pensam que a mania moderna de prazer e entretenimento deva ser denunciada, e vou explicar por quê. As pessoas vivem do prazer e, famintas e sedentas por ele, querem fugir dessa terrível luta, se puderem, durante uma ou duas horas. Agem desse modo porque a vida as derrotou e as colocou para baixo. Estão derrotadas; vivem infelizes. Não conseguem passar sequer uma noite em casa satisfeitas com seus próprios pensamentos. Por quê? Porque são pensamentos desagradáveis e miseráveis. E, então, veem-se pobres mulheres até mesmo trancando a casa onde moram, abandonando os filhos pequenos e saindo para passear. Consigo compreendê-las. São mulheres que acham esse tédio indizível e insuportável. Elas não têm nada dentro de si mesmas que lhes permita descansar e, portanto, devem buscar algum prazer fora de si. É uma guerra.

E por que a vida é assim? Por que deveria ser uma guerra perpétua? Há duas palavras aqui em nossos versículos que respondem a essa questão. A primeira é *iniquidade*, e a segunda, *pecados*: "Encorajem a Jerusalém e anunciem que ela já cumpriu o trabalho que lhe foi imposto, pagou por sua *iniquidade*, e recebeu da mão do SENHOR em dobro por todos os seus *pecados*". O que esses termos significam?

Primeiro, o que é iniquidade? Significa perversidade, erro. E isso implica que tudo o que vocês e eu sabemos, e tudo o que vocês e eu vemos, é distorcido e pervertido. Por essa razão o mundo está em estado de guerra. Não deveria ser assim – isso, mais uma vez, é um excepcional princípio ensinado em todos os lugares da Bíblia, do começo ao fim. O mundo onde vivemos não foi criado desse jeito. Homens e mulheres não foram criados para ser como são. A vida não era para ser como é hoje. Tornou-se desse modo como resultado da iniquidade, da distorção, a qual penetrou na vida e no mundo.

A outra palavra, pecado, pode ser definida como "errar o alvo". A imagem é de pessoas atirando uma flecha, mas falhando em atingir o objetivo. A flecha vai para um lado ou para o outro. Então disparam de novo, mas de novo erram. Portanto, tal palavra significa que as pessoas não estão fazendo o que deveriam. Não estão onde deveriam. Elas erram o alvo, e isso é condenável.

Agora, a Bíblia nos diz que a iniquidade e o pecado são a causa dos conflitos no mundo. Na sua insensatez, o primeiro homem e a mulher ouviram o tentador, o maligno, e, como resultado, ocorreu uma distorção na natureza humana. Em vez de se comportarem como foram feitos para se comportar, e como vinham fazendo, acabaram distorcendo-se e afastaram-se de Deus. E desde então tudo deu errado. Portanto, hoje os seres humanos não estão no caminho certo; não estão funcionando como deveriam; perderam o equilíbrio, são perversos e errados.

Vocês não conseguem entender a salvação cristã sem entender que é por causa da iniquidade e desta terrível coisa chamada pecado que a vida neste mundo se tornou o que todos, pela experiência, sabemos o que é. E esta é a magnífica mensagem da Bíblia. Ela entra em um mundo de homens e mulheres que são assim e não hesita em nos contar que toda a nossa condição é condenável, e que estamos sofrendo essa guerra porque pecamos contra Deus, que não nos permitirá alcançar a felicidade enquanto estivermos em um relacionamento errado com Ele. Não hesito em dizer isso, pois é assim que a Bíblia coloca. "'Para os ímpios não há paz', diz o meu Deus" (Is 57:21). É verdade, não é? Vocês não podem comprar a paz. Algumas das pessoas mais miseráveis do mundo são milionárias; podem comprar esposas, mas não paz e felicidade. Podem comprar bebida, carros, cavalos de corrida – podem comprar quase qualquer coisa –, mas não a paz. Estão sempre se esforçando, mas miseravelmente falhando.

O dinheiro não terá êxito em trazer a paz – e nem o intelecto e a compreensão, o conhecimento e a aprendizagem, a educação e a cultura, nem os atos do Parlamento. Não estou denunciando essas coisas; simplesmente afirmo que não poderão nos dar paz porque, infelizmente, o ato de aprender significa não ter paz. A excepcional compreensão não nos dá paz.

Um toque da natureza faz o mundo inteiro parente.
(Shakespeare, Tróilo e Créssida)

Infelicidade e miséria não se limitam a nenhum estrato social. Não há diferença essencial entre o West End e o East End de Londres. Não há diferença entre o grande e o pequeno. Todos são iguais nessa guerra, e todos igualmente infelizes. Mesmo ocupando altas e importantes posições, as pessoas podem ser vítimas de ciúmes e invejas, maldades, despeitos e mesquinharias, e terem vidas morais e relacionamentos horríveis.

Não, não, essa guerra atravessa a vida toda. E o ensinamento desses dois versículos, como o ensinamento da Bíblia inteira, é que estamos condenados a viver desse modo até nos acertarmos com Deus. Deus não permitirá qualquer outra coisa: "e recebeu da mão do SENHOR em dobro por todos os seus pecados". Podemos não gostar dessa doutrina – nenhum de nós, por natureza, gosta –, mas ela é tão certa como o fato de eu estar de pé neste púlpito. "O caminho do infiel é áspero" (Pv 13:15b). Se vocês se afastarem de Deus, cairão em miséria e guerra. O pecado é um mestre cruel, que leva à miséria, à desventura, à tensão, às perturbações e a tudo o que estamos vendo hoje. E Deus está proferindo juízo sobre tudo isso. A maior insensatez de homens e mulheres nesse momento não é fazer hidrogênio e bombas de cobalto, mas pensar que, por qualquer coisa que possam fazer, trarão a verdadeira paz para dentro de si ou mesmo para fora. Isso significa que se esqueceram de Deus; significa que creem em si mesmos e em seus próprios poderes inatos.

Oh, espero continuar com este excepcional capítulo no livro de Isaías, mas permitam-me antecipar um aspecto. Vivemos dizendo que Deus não permitirá essa insensatez: "A relva murcha e cai a sua flor". Por quê? Aqui está a resposta: porque "o vento do SENHOR sopra sobre eles" (Is 40:7). Vocês podem fazer planos e tentar estabelecer suas utopias, mas o Espírito do Senhor sopra sobre elas.

Então, aqui nos é dada uma descrição da condição das pessoas a quem a mensagem é enviada, e, em terceiro lugar, dizemos que a mensagem é enviada a essas pessoas. E esse é o mais incrível de todos os fatos. Qual é a primeira e principal característica dessa mensagem? Bem, ela começa com estas palavras: "Consolem, consolem...". Que palavras surpreendentes! Às pessoas nessa condição, nesse estado de guerra em razão da iniquidade, do pecado, da insensatez, da rebelião contra Deus, a tais rebeldes, a tais criaturas miseráveis, a mensagem enviada é de *consolo*: "Consolem".

Além disso, esta afirmação, que se lê na Versão Autorizada[2]: "Falai ao coração de Jerusalém", é maravilhosa. Significa que Deus não nos envia Sua mensagem simplesmente na forma de uma magnífica filosofia intelectual. Não envia Seus mensageiros simplesmente para nos dizer que reflitamos sobre certos pensamentos abstrusos. Não, não; Deus é um Deus de amor, e sabe que, além de nosso coração estar em apuros, vivemos cansados e aborrecidos nessa guerra, exaustos, e gastamos todo nosso dinheiro, foram-se nossos armamentos e estamos derrotados. E o que Deus faz? Fala ao nosso coração, atingindo os aspectos em que estamos mais carentes. A mensagem de Deus é aquela que vem a nós em Cristo, e vem até exatamente onde estamos, assim como o próprio Senhor colocou na imagem perfeita que uma vez pintou de um

---

2 A Bíblia do Rei Jaime (ou Tiago), também conhecida como Versão Autorizada do Rei Jaime (em inglês, *Authorized King James Version*), é uma tradução inglesa da Bíblia realizada em benefício da Igreja Anglicana, sob as ordens do rei Jaime I no início do século XVII. É o livro mais publicado na língua inglesa, sendo considerado um dos mais importantes para o desenvolvimento da cultura e da língua inglesas. (N.T.)

homem que desceu de Jerusalém para Jericó. Esse homem capitulou entre ladrões, foi ferido e abandonado lá na estrada. Certas pessoas passaram por ele, mas aquele a quem nosso Senhor louvou atravessou a estrada, foi ao encontro do homem, limpou e cuidou de seus ferimentos, levou-o a uma estalagem e a pagou para ele. Portanto, cuidou do homem exatamente como ele era e onde estava. E isto o Evangelho faz: fala ao coração de Jerusalém. Que maravilhoso o Evangelho de Cristo vir até nós exatamente como somos, ainda que estejamos cansados e tristes.

Em outras palavras, Deus sabe tudo sobre nós. E, conhecendo nossa condição, envia-nos esta magnífica mensagem de conforto. Não é, permitam-me repetir, principalmente um chamado a nós para que façamos algo para nos salvar, pois qual a utilidade de se dizer isso a alguém que está exausto? Se a minha primeira imagem está correta e vivemos em estado de guerra, cansados, derrotados, sem saber como prosseguir no próximo segundo, qual a função de vir até nós e dizer: "Agora, veja bem: assuma esta nova filosofia, assuma esta nova moralidade, vire para uma nova página, comece a liderar uma vida diferente"? Temos tentado e falhado. Mas, graças a Deus, essa não é a mensagem do Evangelho.

O Evangelho não é uma exortação nem um apelo. Não é o anúncio de algum novo tipo de programa ou alguma nova e maravilhosa ideia pensada por alguém, a qual vocês e eu devemos colocar em prática. Não, não, isso não seria consolo, não é? Nunca achei particularmente reconfortante ser confrontado pelos Dez Mandamentos e o Sermão da Montanha. Não há muito consolo em se dizer: "Portanto, sejam perfeitos" (Mt 5:48a). No entanto, o Evangelho não nos diz coisas desse tipo antes de nos ter dito algo mais. E que outra coisa é a magnífica boa-nova revelada aqui na palavra "consolo", que Deus imediatamente repete: "Consolem o meu povo". O Evangelho é o comunicado, a proclamação das mais excepcionais e mais surpreendentes boas-novas que já vieram a este mundo.

Qual é a boa-nova? Está aqui nestes dois versículos, resumidos novamente em duas palavras. Antes de tudo – *perdão*. "Anunciem... que pagou por sua iniquidade". Vivemos em estado de guerra como resultado de nossas próprias ações. Por causa do nosso pecado, por causa da nossa iniquidade, estamos colhendo o que de fato merecemos: "Pois o salário do pecado é a morte" (Rm 6:23a). Estamos simplesmente recebendo nossos salários. O homem que desperta em uma manhã de domingo com uma dor de cabeça lancinante está recebendo o pagamento em função da sua conduta na noite anterior. A confusão moral de hoje é o salário daquilo que as pessoas têm feito. Elas não avaliaram as consequências. Todos os problemas e todos os argumentos, toda a infelicidade e as brigas procedem de onde? Resultam das ações dessas mesmas pessoas que agora estão sofrendo. São consequências dos pecados delas. No entanto, Deus nos diz que, apesar de tudo isso ser verdade para nós, Ele está preparado para nos perdoar. Esse é o significado da palavra "perdão", e essa é a mensagem que nos chega.

Agora, o primeiro passo para escapar dessa guerra e vivenciar a libertação é enfrentar nosso pecado. Em meio à confusão e ao caos nessa situação de conflito, fracassamos por completo – não conseguimos nos ajudar. E ninguém mais pode nos auxiliar porque o mundo inteiro é culpado diante de Deus (veja Rm 3:19). Todos vivem nesse estado de miséria, como tenho enfatizado aqui. Então, como sairemos dele? Há apenas uma resposta. Precisamos nos acertar com Deus.

Tudo ocorreu em razão de agirmos errado com Ele, e a única maneira de nos libertarmos é começar do início, voltando para os aspectos em que falhamos e nos acertando com Deus. No entanto, não conseguimos fazer o que é certo com Ele. Então, aqui vai a mensagem: Deus fez isso. "Encorajem a Jerusalém", diz Deus, "pagou por sua iniquidade." Deus, o próprio Deus que ofendemos, nos oferece perdão, perdão gratuito. Ele não está nos solicitando nada. Simplesmente diz: "Vejam bem, estou perdoando a vocês".

E ouçam isto, ainda mais maravilhoso. Deus diz que nos perdoa porque está satisfeito com o castigo: "e recebeu da mão do Senhor em dobro por todos os seus pecados"; a justiça Dele está satisfeita. Esse é o próprio coração do Evangelho. Deus não apenas decide dizer: "Tudo bem, vou perdoar-lhes agora". Não, não, Ele não pode fazer isso. Deus é justo, santo e virtuoso. Disse que punirá o pecado e assim faz.

"Então, como ele pode nos perdoar?", você pergunta.

Desta forma: Ele distribuiu o castigo e está satisfeito com o que foi feito.

"Qual o significado disso?", pergunta alguém.

É apenas mais um jeito de falar sobre o que aconteceu quase 2 mil anos atrás, em uma cruz em uma colina chamada Calvário, fora de Jerusalém. É o Filho de Deus pregado em uma árvore. E eu O ouço bradar: "Meu Deus, meu Deus, por que me abandonaste?" (Mc 15:34b). Eu O ouço dizer: "Está consumado!" (Jo 19:30). O que está consumado? Isto: a iniquidade foi enfrentada. Deus a puniu na Pessoa de Seu Filho Unigênito e está satisfeito; Sua justiça está completamente satisfeita. A morte de Cristo basta. Nossos pecados foram enfrentados, removidos no sangue de Jesus, e é por isso que Deus anuncia perdão e misericórdia. Aquilo que nos afastou de Deus foi remediado. O caminho para Deus está mais uma vez aberto e nos reconciliamos com Ele em Jesus Cristo, Seu Filho. Perdão!

E então a segunda palavra no versículo 2 é *imposto*. Há uma mudança em nossa condição: "Encorajem a Jerusalém e anunciem" – o quê? – "que ela já cumpriu o trabalho que lhe foi imposto", que nossa guerra está agora no fim. Haverá uma total mudança de condição, e esse é o próximo passo no Evangelho. "Tendo sido, pois, justificados pela fé", diz Paulo, "temos paz com Deus" (Rm 5:1a). Somos tirados desse horrível estado em que estamos e transferidos para outro completamente diferente. Deus proibiu que pensassem em resumir o Cristianismo meramente a um comunicado do perdão dos pecados. Isso é apenas o começo. O perdão nunca cessa. O que Deus lhes oferece aqui significa que vocês serão diretamente levados da guerra e colocados em um novo estado.

Permitam-me colocar assim: como vocês interpretam esta afirmação no versículo 2: "e recebeu da mão do Senhor em dobro por todos os seus pecados"? Alguns afirmam significar que Deus reservou uma dupla punição aos pecados do povo, não necessariamente apenas os multiplicando por dois, mas aplicando punição suficiente e, portanto, agora está preparado para perdoar. Em determinado sentido, isso é certo, como acabei de dizer, mas avalio que essas palavras significam algo mais. Acho que querem dizer: "Diga-lhe que ela recebeu (que agora está prestes a receber e está recebendo da mão do Senhor) bênção dupla". A bênção que as pessoas receberão não equilibra simplesmente os pecados que cometeram, mas dobra o derramar da bênção. E, mais uma vez, isso não significa apenas o dobro, mas sim que a graça e o amor de Deus são esmagadoramente maiores do que o pecado, embora este seja terrível. Ouçam Paulo dizendo: "onde aumentou o pecado, transbordou a graça" (Rm 5:20b). Deus não só removeu o castigo na morte de Cristo e ofereceu perdão, mas deu infinitamente mais, "de acordo com as riquezas da graça de Deus" (Ef 1:7b).

Em sua carta aos Efésios, Paulo diz: Sou um pregador do Evangelho, e o que estou pregando? Bem, "foi-me concedida esta graça de anunciar aos gentios as insondáveis riquezas de Cristo" (Ef 3:8b). E qual o significado dessas palavras? Ninguém pode responder completamente a essa pergunta, mas a resposta implica algumas das coisas sobre as quais estou falando. Significa que a guerra chegará ao fim desta maneira: vocês se encontrarão com uma pessoa nova, e não se conhecerão; terão uma nova natureza e uma nova mente, uma nova maneira de ver as coisas, novos desejos.

Não só isso; a vocês será dada força; será dado poder. Irão descobrir que conseguirão resistir à tentação que sempre os colocou para baixo. Serão capazes de conquistas nos aspectos em que sempre fracassaram, e as bênçãos lhes chegarão em tal medida que quase não poderão contê-las. Descobrirão que até os cabelos da cabeça de vocês estão todos contados.[3] Encontrarão confortos e consolos que nunca conheceram antes, e não mais acharão a Bíblia chata, pois se tornou uma obra viva, da qual desfrutam.

Começarão a orar e a conhecer Deus e, quando estiverem enlutados e entristecidos, saberão que não estão abandonados, que "existe amigo mais apegado que um irmão" (Pv 18:24b), e Ele está com vocês. E não mais acharão enfadonho passar uma noite em casa; não sentirão mais que precisam

---

3 Citação encontrada em Mateus 10:30. (N.T.)

fugir noite após noite ou então enlouquecerão – terão algo novo para pensar e meditarão sobre si mesmos e Deus, sobre a relação com Ele e sobre a maravilhosa vida.

E começarão a entender que isso se trata de uma mera antecipação do que Deus lhes preparou. Começarão a ler coisas assim na Bíblia: que Deus nos preparou "para uma herança que jamais poderá perecer, macular-se ou perder o seu valor. Herança guardada nos céus para vocês" (1Pe 1:4). Começarão a entender que a vida neste mundo é uma pequena e mera antessala para aquela magnífica e gloriosa vida que está por vir. E a morte perderá seu terror. Perceberão que isso é simplesmente o pequeno riacho que terão de atravessar para entrar em uma encantadora glória e estarem com Cristo fora da luta e da guerra, em paz genuína, bem-aventurança e glória.

Esse é o Evangelho de Jesus Cristo, é o que ele significa. É Deus dizendo a vocês e a mim tudo isso, falando conosco tal como somos, em nossos pecados, em nossas falhas, em nosso desespero, sem nos dizer que nos arrastemos quando não conseguimos, mas dizendo-nos que enviou o Seu Filho para nos erguer, dizendo-nos que o Seu Filho suportou nossa iniquidade, nosso pecado e toda a punição associada a isso, e que Ele nos deu a própria vida e todas as riquezas da Sua graça – "em dobro por todos os seus pecados".

O ÚNICO CAMINHO

2

UMA VOZ CLAMA: "No deserto preparem o caminho para o Senhor; façam no deserto um caminho reto para o nosso Deus. Todos os vales serão levantados, todos os montes e colinas serão aplanados; os terrenos acidentados se tornarão planos; as escarpas serão niveladas. A glória do Senhor será revelada, e, juntos, todos a verão. Pois é o Senhor quem fala". (Is 40:3-5)

Enfatizamos no último estudo que é possível a todos nós, se deixado por nossa conta, passar a vida inteira sem jamais realmente saber o que é a mensagem cristã. Isso se deve ao fato de que somos criaturas preconceituosas. Não adianta alguém tentar dizer que não tem preconceito porque todos o temos. É algo comum a toda a humanidade, e a Bíblia nos diz por que é assim.

Ela nos diz que existe um enorme poder controlando a vida e o pensamento deste mundo, e dá a esse poder o nome de *diabo*. O único interesse do diabo é preencher nossa mente e nosso coração com preconceitos contra Deus, contra o Senhor Jesus Cristo e contra a fé cristã. O único objetivo dele é afastar as pessoas de Deus, e não se importa com como se faz isso desde que aconteça. E a maneira mais comum de todas é simplesmente encher nossa cabeça com noções completamente erradas sobre o real significado da mensagem cristã.

Ao considerarmos os versículos 1 e 2 de Isaías 40, vimos que o Cristianismo não é algo que os seres humanos descobriram ou inventaram, nem é algo que fazem; é Deus quem faz tudo. A mensagem do Cristianismo é o excepcional comunicado de que o desterro acabou, de que a nossa iniquidade está perdoada e, acima de tudo, de que há notáveis bênçãos para nós, bênçãos duplas, infinitamente mais do que toda culpa de nosso pecado e toda punição que tanto merecemos. Essa é a grande proclamação do Cristianismo. Não é um programa que vocês assumem e, depois de muito e cansativo esforço, finalmente alcançam. Vocês podem recebê-lo em um momento, em qualquer lugar, sempre que estiverem prontos.

Mas, obviamente, quando isso acontece, surge uma questão importante: como é possível? Se é o Cristianismo, se é o que o Cristianismo faz, como o faz? E a resposta a essa pergunta está nestes versículos que agora vamos considerar em conjunto, os quais nos contam como Deus promove isso. Como Deus nos perdoa e o faz gratuitamente, como Ele muda nossa condição e nos oferece um novo começo e uma nova vida, e como derrama Suas bênçãos poderosas sobre nós. E essa é uma questão muito importante porque, a menos que tenhamos total clareza sobre como tudo isso chega até nós, podemos muito bem nos enganar ou iludir com falsos pensamentos de que somos cristãos quando não somos.

Enfrentamos um perigo bastante real nesse momento. Vivemos uma época em que homens e mulheres estão cansados, efeito da *guerra* que temos considerado. Vocês sempre sentem esse cansaço no final de uma guerra, especialmente quando ocorreram duas guerras mundiais como aconteceu no século passado. Estamos exaustos. Tentamos diferentes soluções, fizemos promessas e colocamos nossa fé nelas, mas os bons tempos prometidos não parecem ter-se concretizado. Então, homens e mulheres estão à beira da exaustão e, nessa condição, prontos para acreditar em qualquer coisa e para se agarrar a quase qualquer coisa que lhes seja oferecida.

Há muitas pessoas que dizem em momentos como esse: "Sim, quero conhecer Deus. Quero ser abençoada por Ele, e quero essas bênçãos de que você está falando. Quero conforto, quero paz, e quero perdão".

Bem, excelente, mas é absolutamente vital sabermos como conseguimos obter tudo isso. Devemos receber as bênçãos da única maneira por meio da qual Deus as dá. Essa, em certo sentido, é a grande mensagem da Bíblia, particularmente do Novo Testamento. E tudo nos é apresentado com muita simplicidade nestes versículos que agora estamos considerando. Esta passagem nos mostra que as bênçãos de salvação só chegam completamente a nós na pessoa do nosso Senhor e Salvador Jesus Cristo. Elas não vêm e não podem vir até nós sem ser por meio Dele.

Então, antes de avançarmos, permitam-me fazer-lhes uma pergunta simples: vocês desejam essas bênçãos de Deus? Ou acham que receberam a bênção da salvação? Vocês se consideram cristãos? Se acham que sim, há um teste simples para que tenham a certeza de não estarem enganados. É o seguinte: onde Jesus Cristo os alcançou? Ele é absolutamente essencial? Se Ele lhes fosse tirado, toda sua crença e toda sua situação desmoronariam? Essa é a posição cristã.

Vejam, portanto, o terrível perigo de pensar que podem ser abençoados por Deus sem Jesus Cristo. Conheço muitas pessoas que pensam assim. Muita gente que me tem dito: "Não frequento a igreja e, de certa maneira, não me considero cristão, mas acredito em Deus e oro regularmente. Desisti de ir a um local de culto, mas sempre oro. E creio que Deus me abençoa e responde às minhas orações".

Então lhes digo: "Muito bem, você acredita no Senhor Jesus Cristo?". Mas elas não discutem isso.

Por essa razão é muito bom nos questionarmos: Cristo é fundamental? Falo isso sempre, deste púlpito, mas, permitam-me dizer de novo, quando falam comigo sobre essas questões, faço uma pergunta simples: "Se você morresse esta noite e estivesse diante de Deus, em que confiaria?".

E com muita frequência alguém me dirá: "Bem, sempre tentei ser bom na vida. Tentei não fazer mal a ninguém".

– Mas – retruco – certamente você não afirma ser perfeito?
– Ah, não!
– Você já fez coisas erradas?
– Sim.
– Já pecou?
– Sim.
– Bem, e quanto aos seus pecados?
– Bem, acredito que Deus me perdoará. Acredito que Ele é um Deus de amor e, se eu confessar meus pecados e pedir-lhe que me perdoe, então Ele perdoará.

Em seguida, quando pergunto se isso é tudo, vem a resposta:

– Sim, estou contando com isso.

E se digo:

– Mas você me contou tudo? Tem certeza de que Deus fará isso?
– Bem, sim. Deus é um Deus de amor.

E, embora eu insista com minhas perguntas, sempre me é dada a mesma resposta. Percebem a questão? Jamais mencionam Jesus Cristo. As pessoas que falam assim, confiantes no amor de Deus, pensam que Ele lhes perdoará os pecados. E é isso o que me preocupa. Então lhes apresento isso novamente como uma contundente e positiva afirmação: esse consolo, esse perdão, essa nova vida, essa nova perspectiva, esse novo começo e as bênçãos de Deus, tudo isso acontece, mas só por meio do Senhor Jesus Cristo. Não há salvação sem Ele. E se vocês pensam que conseguiram isso de alguma outra forma, estão enganando a si mesmos; vivenciaram uma experiência psicológica, e ela não é Cristianismo. Não tenho dúvida em dizer isso. Permitam-me provar meu ponto de vista. Aqui está: "Uma voz clama". O que clama? "Preparem o caminho para o Senhor." Será assim que a salvação virá. O Senhor virá, e sem Ele não há bênção.

Portanto, sugeriria a vocês que estejamos, mais uma vez, no âmago da mensagem cristã. Ela é, acima de tudo, um anúncio de alguma coisa inteiramente nova, alguma coisa extraordinária, maravilhosa e, ao mesmo tempo, alguma coisa crucial. Não é verdade que todos percebemos que a Bíblia tem duas partes – o Antigo Testamento e o Novo Testamento. E em relação ao Novo Testamento, falamos sobre a nova aliança, a nova dispensação, são esses os termos que usamos, e o fazemos muito apropriadamente. E aqui, nesta profecia de Isaías, neste anúncio preliminar, somos lembrados de tudo isso. Deus diz, efetivamente, ao profeta: "Vá e conte às pessoas que algo novo acontecerá". E isso é extraordinário, inédito, surpreendendo a própria imaginação.

Então, o ponto de partida na consideração do Cristianismo e da mensagem cristã é a percepção de que estamos frente a frente com um evento único. Devemos começar entendendo o fato de que a mensagem cristã é única. Não é uma em uma série de ensinamentos filosóficos ou perspectivas sobre a vida. Ela tem uma distinção e uma propriedade que a coloca em uma categoria à parte. "Preparem o caminho para o Senhor"; alguém importante, extraordinário e incomum está por vir. Esse é o anúncio. E essa é a essência básica desta mensagem. Vocês podem ler no Antigo Testamento sobre santos e patriarcas, sobre profetas e homens e mulheres de Deus, sobre grandes líderes, e isso em nada diminui a grandeza ou o valor deles para dizer que Cristo não pertence a essa série, pois é absolutamente único.

Fora da Bíblia, o mundo teve grandes mestres. Existiram excepcionais filósofos pagãos; aquela pequena terra da Grécia vangloriou-se deles: Platão, Sócrates, Aristóteles e outros. Outros países tiveram líderes religiosos e mestres: Buda, Confúcio e todos os demais homens dessa natureza. Novamente, não faz parte da minha atividade criticá-los ou diminuir o valor de seu ensinamento, mas estou aqui para dizer o seguinte: Jesus de Nazaré também não pertence a essa categoria.

Tanto que tendemos a considerar como Cristianismo não incluir essa singularidade. Se assumir-se cristão é apenas ser um bom homem ou uma boa mulher, então isso não é único. O Antigo Testamento está cheio de exemplos, assim como a filosofia grega: utopias, boa vida, idealismo. É aqui que tão tristemente nos perdemos. Se o Cristianismo de vocês não começa com o anúncio de que aconteceu algo neste mundo que nunca ocorrera antes, então repito que não é o verdadeiro Cristianismo. Esse é o primeiro enfoque.

Então, em segundo lugar, esta bênção poderosa não é apenas nova e insólita, não é nada menos do que a entrada neste mundo no tempo do próprio Filho de Deus. "Uma voz clama". O que clama? "Preparem o caminho para o Senhor". O Senhor! Não se pode imaginar um termo mais elevado, maior ou mais forte; Jeová, o Senhor Deus Todo-Poderoso. Ele fará uma visita, Ele está vindo: preparem o caminho para Ele. Essa é a mensagem.

Agora, isso é uma cena antiga. Era costume de reis e personagens importantes no mundo antigo, quando viajavam, enviar antecipadamente pessoas com a função de lhes preparar o caminho. Não havia estradas pavimentadas naquela época! As estradas eram rústicas, irregulares e esburacadas, e as pessoas poderosas viajavam em carroças que não tinham molas. Assim, enviavam-se homens para repará-las. E, quando o viajante era alguém muito especial, construíam uma nova estrada para ele, ótima, nivelada e lisa porque ainda não houvera nenhum trânsito nela. Preparava-se uma estrada, um novo caminho para o grande personagem viajar. Essa é a imagem aqui em Isaías 40:3.

E Deus diz ao profeta que anuncie que agora alguma coisa muito especial, única, se faz necessária. E por quê? Porque alguém está prestes a fazer uma viagem nunca feita antes. Ninguém menos do que Deus, o eterno Deus, está mandando Seu Filho único descer do céu para esta terra, no mundo daquela época. Esse é o Cristianismo. Não que a humanidade em seu doloroso processo de evolução, ou como resultado de estudo, pesquisa e investigação, finalmente tenha chegado a alguma coisa. Nem que um homem excepcionalmente brilhante tenha ido à frente dos outros e descoberto algo sobre Deus. Isso não é Cristianismo! É exatamente o oposto da verdade.

Não, Cristianismo é isto: "Quando chegou a plenitude do tempo, Deus enviou seu Filho, nascido de mulher, nascido debaixo da lei, a fim de redimir os que estavam sob a lei" (Gl 4:4-5a).

"Deus tanto amou o mundo que deu" – Ele veio do céu para a terra – "o seu Filho Unigênito" (Jo 3:16a). Essa é a viagem, e essa é a pessoa que vem. O acontecimento mais impressionante e importante que o mundo já conheceu ou jamais conhecerá, e essa é a mensagem do Evangelho cristão, cujo objetivo é anunciar que tal chegada literalmente aconteceu.

A mensagem do Cristianismo não é que Deus é amor e está pronto para nos perdoar se nos arrependermos e cairmos de joelhos dizendo: "Perdoe-me e me dê vida, força e poder". Não, não, não é isso. Ela é a incrível mensagem que nos diz que, a este mundo em que vocês e eu vivemos neste exato momento, chegou o próprio Filho de Deus, e aquele bebê que nasceu em Belém, a quem foi dado o nome de Jesus, era ninguém menos que a Pessoa abençoada através da qual o mundo, e tudo que nele foi criado, consiste.

> No princípio era aquele que é a Palavra. Ele estava com Deus, e era Deus. Ela estava com Deus no princípio. Todas as coisas foram feitas por intermédio dele; sem ele, nada do que existe teria sido feito. (Jo 1:1-3)

Isso é quem Ele é. Então esta é a mensagem: "Aquele que é a Palavra tornou-se carne e viveu entre nós" (Jo 1:14a). Não é surpreendente que o mundo todo não esteja pensando nisso e aplaudindo? Conseguem entender homens e mulheres ignorando-O e vivendo como se Ele nunca tivesse vindo? Eles não sabem sobre a vinda Dele. Por isso nos é dito para "clamar", levantar nossas vozes, gritar e proclamá-Lo pelo mundo. Toda a mensagem do Cristianismo se resume ao fato de que, há mais de dois mil anos, aconteceu esse evento singular. Deus, o Filho, veio ao mundo e nasceu literalmente como um bebê. "Preparem o caminho para o Senhor". Assim vem a salvação. Não é simplesmente Deus, em Seu amor, olhando do céu para um pecador e dizendo-lhe: "Eu vou lhe perdoar". Não, não; é Deus enviando Seu próprio Filho, e o Filho vindo e suportando tudo o que enfrentou. Por quê? Porque essa é a única maneira pela qual a bênção pode vir.

> Consolem, consolem o meu povo, diz o Deus de vocês. Encorajem a Jerusalém e anunciem que ela já cumpriu o trabalho que lhe foi imposto, pagou por sua iniquidade, e recebeu da mão do Senhor em dobro por todos os seus pecados. (Is 40:1-2)

Jesus é fundamental; Jesus é essencial. Isso está inteiramente Nele.

Ah, sim, mas vamos continuar. Também observamos nestes versículos que, para a vinda do Libertador, foi essencial a preparação de um novo caminho:

> Preparem o caminho para o Senhor; façam no deserto um caminho reto para o nosso Deus. Todos os vales serão levantados, todos os montes e colinas serão aplanados; os terrenos acidentados se tornarão planos; as escarpas, serão niveladas. A glória do Senhor será revelada, e, juntos, todos a verão. Pois é o Senhor quem fala. (Is 40:3-5)

Agora, esse "novo caminho" era essencial por dois motivos. Antes de tudo, essencial para a chegada do Filho ao mundo. A questão é: como Deus pode abençoar a humanidade? É uma pergunta respeitosa? Sim. Não apenas respeitosa, mas também uma pergunta essencial. Deus é santo. Ele é absolutamente correto e justo. Não pode fazer nada de errado. Não pode fingir que as coisas estão corretas quando não estão. Não pode fechar os olhos para o pecado e fingir que não está lá. Ele é absolutamente coerente com Si mesmo em todas as Suas gloriosas qualidades. Então, o perdão dos pecados levanta de fato um problema até mesmo na mente de Deus. Ele entregou Sua lei, e insiste que ela seja mantida. Mas como? Nenhum homem ou mulher pode mantê-la. Deus entregou a lei por meio de Moisés, a fim de precisá-la em detalhes. As pessoas tentaram, mas ninguém conseguiu mantê-la. "Não há nenhum justo, nem um sequer" (Rm 3:10). "Todos pecaram e estão destituídos da glória de Deus" (Rm 3:23).

Então, o que pode ser feito? Digo de novo que, antes de esse problema ser resolvido, algo absolutamente novo e único teve de acontecer. O que foi? O que se denomina encarnação, que significa o seguinte: "Todos os vales serão levantados, todos os montes e colinas serão aplanados". Antes de se ter uma estrada plana e nivelada, ao longo da qual um rei poderia vir, era necessário destruir e depois construir, e foi exatamente o que aconteceu quando o Filho de Deus entrou neste mundo. Olhem por um momento para aquela pequena criança chamada Jesus deitada indefesa na manjedoura do estábulo em Belém. Não se pode imaginar algo mais fraco, mais indefeso do que um bebê, uma criança. Mas quem é Ele? Como já falei, é o eterno Filho de Deus. Ele é a Palavra, a Palavra eterna, por quem e por meio de quem tudo foi criado e existe. E ainda assim lá está Ele, um bebê. O que aconteceu? Vocês não conseguem ver montes e colinas sendo aplanados? E, se fosse pedido ao apóstolo Paulo que descrevesse a encarnação, ele o faria da seguinte maneira: "que, embora sendo Deus, não considerou que o ser igual a Deus era algo a que devia apegar-se; mas esvaziou-se a si mesmo..." (Fp 2:6-7a). Ele, eterno em todas as Suas qualidades, se reduziu, tornando-se um bebê. Despojou-se de todos os sinais e das marcas de Sua glória eterna. Abandonou o brilho de Seu semblante e todos os óbvios atributos de Deus; deixou-os de lado e assumiu a natureza humana. Este é o ensinamento do Novo Testamento; este é o Evangelho de Jesus Cristo: uma Pessoa era Deus e homem ao mesmo tempo. Então, vejam, os montes e as colinas foram aplanados. Houve uma mudança. Ele desceu do céu para habitar entre nós.

Mas observem sob outro ângulo por um momento. "Todos os vales", disseram-nos, "serão levantados". E esta é uma parte surpreendente da encarnação. É o que queremos dizer quando falamos sobre o nascimento virginal. Vocês se lembram da mensagem que foi dada pelo anjo que apareceu a Maria, a mãe terrena do nosso Senhor? Quando o anjo Gabriel a visitou, ele expôs a verdade de forma bastante clara e inequívoca. Dirigindo-se a ela, disse:

> "Alegre-se, agraciada!" [...] "Não tenha medo, Maria; você foi agraciada por Deus! Você ficará grávida e dará à luz um filho, e lhe porá o nome de Jesus. Ele será grande e será chamado Filho do Altíssimo. O Senhor Deus lhe dará o trono de seu pai Davi, e ele reinará para sempre sobre o povo de Jacó; seu Reino jamais terá fim". Perguntou Maria ao anjo: "Como acontecerá isso, se sou virgem?" O anjo respondeu: "O Espírito Santo virá sobre você, e o poder do Altíssimo a cobrirá com a sua sombra. Assim, aquele que há de nascer será chamado santo, Filho de Deus". (Lc 1:28; 30-35)

Então a profecia de Isaias previu exatamente o que aconteceu mais tarde: a elevação do vale. E quando Maria, perturbada, foi falar com sua prima, Isabel lhe disse a mesma coisa: "Bendita é você entre as mulheres, e bendito é o filho que você dará à luz!" (Lc 1:42). A própria Maria percebeu essa maravilhosa bênção. Para a humilde virgem, foi dado o privilégio de carregar, em relação à própria humanidade, o Filho de Deus; o Criador entrou no ventre de uma mulher. "Todos os vales serão levantados". A descida, a elevação; a natureza humana, na verdade, aproveitada. Esse é o grande tema das Escrituras. Então, o autor da epístola aos hebreus, no segundo capítulo, diz que Deus não estendeu uma mão auxiliadora para os anjos, mas para a semente de Abraão, para levantá-los novamente.

"Todos os vales serão levantados, todos os montes e colinas serão aplanados". Isso foi essencial antes que as bênçãos se estendessem até vocês e a mim. Não podem ser abençoados, não podem ser perdoados, não há redenção, nem vida nova, a menos que vejam que Deus enviou Seu único Filho ao mundo. Quando nosso Senhor foi batizado por João Batista no Jordão, a voz vinda do céu falou: "Tu és o meu Filho amado; em ti me agrado" (Lc 3:22b). Por essa razão falei no início que Ele é único. Há um novo caminho. Algo novo aconteceu. O Filho de Deus veio, não como uma aparição, não como uma espécie de teofania, mas como o Deus-homem; duas naturezas em uma Pessoa, indivisível, homem perfeito e Deus perfeito. Ele é a nova estrada, o único caminho ao longo do qual a bênção de Deus pode chegar. E é essencial que acreditemos nisso antes de receber essa bênção. Não basta orar; não basta "dar seu coração a Deus"; não basta pedir perdão. Esse é o único caminho para o perdão de Deus.

Eu poderia continuar dizendo-lhes como esse mesmo padrão continuou, como o Filho de Deus Se humilhou, prestando obediência a Seus pais terrestres, e como "suportou tal oposição dos pecadores contra si mesmo" (Hb 12:3a). Então como, finalmente, se entregou à morte na cruz, como se não tivesse força ou poder, e ouviu a zombaria, a provocação e o sarcasmo de homens que disseram: "Desça da cruz, se é Filho de Deus!"; "Salvou os outros, mas não é capaz de salvar a si mesmo!" (Mt 27:40b, 42a). Mas Ele não o fez. Teve de morrer, teve de cair por isso. E então se levantou de novo. Os atos de cair e levantar-se estão no Evangelho inteiro. Não há nada como o Cristianismo. Nada mais existe com essa mensagem. Salvação e libertação por meio do Filho único de Deus, vindo em carne e osso, morto na cruz, enterrado na sepultura e ressurgindo em gloriosa ressurreição.

E, por último, esse novo caminho é igualmente essencial antes de o Filho de Deus poder entrar no coração e na vida de vocês e na minha. João Batista, o precursor imediato do Filho de Deus, deixou essa mensagem. Ele foi a "voz do que clama no deserto: 'Preparem o caminho para o Senhor, façam veredas retas para ele'" (Lc 3:4b). E o que ele pregava? Pregava "um batismo de arrependimento para o perdão dos pecados" (Lc 3:3b). João dizia: Ele está prestes a chegar, o Messias, o Libertador, o Redentor, mas, se você quer conhecê-Lo, vivenciá-Lo, ser perdoado por Ele, "fugir da ira que se aproxima" (Lc 3:7b), arrependa-se!

E o que João quis dizer com arrependimento? Está tudo no terceiro capítulo de Lucas. Quis dizer que devemos aceitar novamente a lei de Deus. Ele disse àqueles que o ouviam: "E não comecem a dizer a si mesmos: 'Abraão é nosso pai'" se se rebelaram contra a lei de Deus. "O machado já está posto à raiz das árvores", disse João (Lc 3:8a,9a). Não se trata de um jogo ou de um fazer de conta; vocês precisam reconhecer novamente que a lei de Deus é santa e que Deus é justo e verdadeiro. Precisam pôr fim a toda autoconfiança.

As pessoas teriam vindo a João e dito: "Abraão é nosso pai." Disse-lhes João: "Pois eu lhes digo que destas pedras Deus pode fazer surgir filhos a Abraão" (Lc 3:8b).

Em outras palavras, se quiserem essa bênção, precisarão entender que todo o bem que já fizeram não tem valor algum. É como trapo imundo. Vocês não devem confiar no fato de ser inglês, galês, escocês ou irlandês, ou um cidadão de qualquer país supostamente cristão. Precisam compreender que isso é inútil e sem valor. Devem se esquecer da autoconfiança, da confiança nos pais, da confiança em antecedentes ou de qualquer outra coisa do tipo. E devemos eliminar de imediato a hipocrisia. Não adianta fingir diante de Deus. "O machado já está posto à raiz das árvores". Não é um mero aparar na superfície, mas examinar a fundação inteira. João disse: É isso. Estou preparando o caminho. E isso precisa ser feito antes que este Senhor entre em sua vida e o resgate. Estou aqui para estabelecer a fundação, a única base digna para Ele.

Então, se pensam que podem receber a bênção de Deus e agarram-se ao seu querido pecado, estão se enganando. Se pensam que basta dizer: "Sim, aceito Cristo e me entrego a Ele", enquanto continuam agindo exatamente da mesma maneira que antes, estão enganados. Essa pode ser qualquer outra coisa, mas não é a salvação cristã, meus amigos. "O machado já está posto à raiz das árvores".

> Eu os batizo com água. Mas virá alguém mais poderoso do que eu, tanto que não sou digno nem de curvar-me e desamarrar as correias das suas sandálias. Ele os batizará com o Espírito Santo e com fogo.

Ele traz a pá em sua mão, a fim de limpar sua eira e juntar o trigo em seu celeiro; mas queimará a palha com fogo que nunca se apaga. (Lc 3:16-17)

Ele peneirará. Escolherá o trigo, mas irá destruir a palha. Não pode ser enganado. Ele é Deus, e vê e sabe todas as coisas.

Vocês precisam se arrepender, disse João. Precisam entender que são pecadores na visão do Deus santo. Precisam desistir de usar qualquer desculpa para si e de confiar que receberão qualquer benevolência tanto para si como para qualquer outra pessoa. Precisam entender que, frente a frente com Deus, são míseros, infelizes e vis pecadores, merecedores do inferno e nada mais. E precisam admitir e confessar isso a Deus, e então, e somente então, estarão prontos para recebê-Lo.

E, obviamente, é um fato que, enquanto vocês e eu estamos buscando, ou aguardando, qualquer outra coisa, não precisamos Dele. Deus é para os pobres, para os pecadores. Ele disse: "Não são os que têm saúde que precisam de médico, mas sim os doentes [...] pois eu não vim chamar justos, mas pecadores" (Mt. 9:12-13). Ele veio para as pessoas que estão abatidas, moral e espiritualmente, para aqueles que não têm nada. Existe apenas uma estrada que os levará ao Seu coração, que é dizer-Lhe:

Assim como eu estou, sem um apelo,
Nada além de teu sangue por mim derramaste,
E como Tu me pediste que viesse conhecê-lo,
Ó cordeiro de Deus, eu vim porque me chamaste
(Charlotte Elliott)[4]

---

4 Charlotte Elliott (1789-1871), uma das hinistas mais destacadas do século XIX, compôs mais de 150 hinos. (N.T.)

Portanto, um novo caminho era essencial antes que o Filho de Deus viesse do céu para a terra, e esse novo caminho é igualmente essencial antes que Ele entre na vida, no coração de vocês, para transformá-los e dar-lhes perdão, nova vida e todas as bênçãos que são ofertadas. "Todos os montes e colinas serão aplanados". Diante de Cristo, não há diferença entre uma pessoa religiosa e outra não religiosa. Não Lhe importa que vocês sempre tenham frequentado um lugar de adoração ou nunca tenham entrado em um. Isso não faz diferença alguma. A pessoa que foi criada de forma religiosa, e ainda assim não acredita em Cristo, está exatamente na mesma posição em que aquela que saiu da calçada mais suja da terra. Não há diferença entre ambas. "Todos os montes e colinas serão aplanados". E a menos que vocês se tenham visto assim, humilhados por Cristo, não O conhecem e não foram abençoados por ele.

Mas, se estão dolorosamente conscientes de sua pecaminosidade, de sua escuridão e de sua vileza, alegro-me em dizer-lhes: "Todos os vales serão levantados" por Ele. Ele erguerá vocês; Ele os purificará. Irá vesti-los com Sua própria justiça, e não mais serão capazes de reconhecer a si mesmos. Essa é a mensagem cristã de salvação. O consolo que nos chega é que, apesar de sermos pecadores, fracos e desamparados, o próprio Filho de Deus veio ao mundo para nos redimir, para nos resgatar. Assumiu nossa natureza, até morreu por nossos pecados, e Ele nos levantará. O Filho de Deus tornou-se o Filho do homem para que os filhos pecaminosos dos homens pudessem se tornar filhos de Deus.

Vocês são filhos de Deus? A única condição é o total e absoluto reconhecimento de sua desesperada e desamparada necessidade, e do que Ele fez, assim como do que Ele pode fazer por vocês e em vocês, e do que fará se apenas lhes pedirem que faça. Peçam agora.

A GLÓRIA DE DEUS

3

A glória do Senhor será revelada, e, juntos, todos a verão. Pois é o Senhor quem fala. (Is 40:5)

Passemos agora ao quinto versículo deste excepcional capítulo, o qual faz parte de uma proclamação preliminar do Evangelho de nosso Senhor e Salvador Jesus Cristo. As palavras no versículo 3, sobre uma voz que clama no deserto, são ditas nos Evangelhos e cumpridas em João Batista, precursor de nosso Senhor. No capítulo 3 do Evangelho de Lucas, em que ele descreve o ministério de João Batista (Lc 3:4-6), são citados os versículos de 3 a 5 de Isaías 40, concluindo com as palavras: "E toda a humanidade verá a salvação de Deus" (Lc 3:6), similares a Isaías 40:5.

Observamos a natureza do Evangelho e a salvação conforme nos foi colocado nos quatro primeiros versículos de Isaías 40, e agora vemos como o profeta, contemplando tudo isso, deslumbra-se pela sensação de grandeza e glória, a qual não consegue superar. E então diz: "A glória do Senhor será revelada, e, juntos, todos a verão". Ele ainda está falando da maravilhosa salvação, pois o Evangelho é a mensagem mais gloriosa da qual a humanidade já ouviu falar. Então, permitam-me uma pergunta: Vocês acreditam nisso? Esse é o ponto de vista de todos?

Em nossa terminologia atual, falamos sobre ficar "empolgados" pelas coisas. Sentimo-nos entusiasmados por horas, e sofremos consideráveis inconvenientes para ver as coisas que apelam a nós e julgamos maravilhosas. Para vocês, este Evangelho é tão fantástico quanto essas coisas? Acreditamos mesmo que essa mensagem cristã, essa fé cristã, proclama o evento mais incrível, o mais surpreendente que já aconteceu ou poderá acontecer? Porque, de acordo com o profeta, de acordo com o ensinamento da Bíblia inteira, essa é a simples verdade. É aqui que vemos a nefasta influência do diabo, descrito na Bíblia como "o deus desta era" (2Co 4:4), porque homens e mulheres, falando em geral, não se interessam por nada do Evangelho. Não veem nada nele; deve ser cuspido, ridicularizado e desprezado, pois revela algo que insulta um intelectual. No entanto, o versículo 5 nos diz que o Evangelho é uma manifestação da glória do Senhor. E é para esse aspecto que desejo chamar a atenção de todos agora. E o faço com a merecida solenidade, porque nosso destino eterno depende da nossa resposta. Ou consideramos este Evangelho de Jesus Cristo a coisa mais magnífica do mundo, ou então afirmamos que não é nada.

Portanto, permitam-me lhes apresentar a mensagem do Evangelho da seguinte maneira: as pessoas costumam dizer que gostariam de saber como é Deus. "O que é Deus?", perguntam. Uma questão perfeitamente correta e justa. E a resposta da Bíblia está no texto que estamos estudando. O supremo atributo de Deus é a glória. Mas qual o significado dela na Bíblia? Bem, significa beleza, significa majestade, significa esplendor e significa grandeza. É algo inefável. Significa que

Deus é tão transcendente que homens e mulheres nunca chegarão a entendê-Lo como resultado de seu próprio esforço, de sua busca e de seu empenho.

De fato, nem o intelecto humano nem a imaginação conseguem atingir um verdadeiro conhecimento de Deus. É um postulado bíblico fundamental que Deus aparece como "o único que é imortal e habita em luz inacessível, a quem ninguém viu nem pode ver" (1Tm 6:16a). Essa é a glória de Deus em Seu Ser eterno.

E, no entanto, não há nada mais importante do que conhecermos Deus. Sem o conhecimento Dele, estamos perdidos. De fato, como já vimos, todos os nossos problemas surgem porque não O conhecemos. O apóstolo Paulo, no primeiro capítulo de Romanos, diz que essa ignorância é a causa da decadência e do declínio de toda a raça humana. O homem, diz ele, começou com um conhecimento de Deus, mas, sem escolher preservá-Lo, acabou colocando-O de lado. O resultado foi que "adoraram e serviram a coisas e seres criados, em lugar do Criador" (Rm 1:25). O homem adora bestas e répteis, qualquer coisa exceto Deus, e perdeu de vista a glória do Senhor. Desse modo, o que pode acontecer conosco?

Repito que nossa suprema necessidade é conhecer Deus, mas, ainda assim, não conseguimos chegar a esse conhecimento. Os maiores filósofos falharam – "na sabedoria de Deus, o mundo não o conheceu por meio da sabedoria humana" (1Co 1:21a). Nossas mentes são muito pequenas; somos indignos. Deus é tão essencialmente glorioso que, independentemente do que tentemos, por meio de qualquer aptidão, não conseguiremos chegar lá. Estamos, portanto, sem esperança? Não! A resposta da Bíblia é que Deus, em Sua infinita bondade e condescendência, tem prazer em se revelar a nós, e, como o texto nos diz, em manifestar algo de Sua própria glória.

Como Ele age? Uma resposta, encontrada no Salmo 19, refere-se a Deus ter revelado alguma coisa de Sua glória na criação: "Os céus declaram a glória de Deus; o firmamento proclama a obra das suas mãos" (Sl 19:1). Não há dúvida alguma. O apóstolo Paulo usa o mesmo argumento, mais uma vez no capítulo 1 de Romanos, ao se referir à glória de Deus: "Desde a criação do mundo, os atributos invisíveis de Deus, seu eterno poder e sua natureza divina, têm sido vistos claramente" (Rm 1:20).

Vocês aprendem com a ordem, a forma, o arranjo, a perfeição de tudo. Olham as montanhas e os vales, os regatos e os rios. Veem a andorinha voltando com uma estranha regularidade na primavera, e o cuco chegando quase exatamente na mesma data ano após ano. Veem tudo e dizem: "Isso é fortuito? É um encontro acidental de átomos, prótons e elétrons?". E, se ouvem um homem como o falecido Sir James Jeans[5], concluem: "Claro que não. Impossível. Significa, sim, que há uma mente, uma mente transcendente, uma mente gloriosa atrás de tudo". A criação e os céus declaram a glória de Deus – a glória Daquele que os trouxe à existência, Daquele que os moldou, os equilibrou, os concebeu e a todos sustenta.

---

5 Referência a James Hopwood Jeans (1877-1946), astrônomo, físico e matemático nascido em Londres, Inglaterra, famoso por seu trabalho em teoria cinética de gases e suas pesquisas sobre a relação entre os conceitos matemáticos e a natureza, foi o primeiro a propor que a matéria é continuamente criada ao longo do Universo, embora seja mais conhecido como escritor de livros populares sobre Astronomia. Um dos maiores astrônomos e físicos dos tempos modernos e também um dos mais queridos e interessantes escritores da ciência. (N.T.)

Se tivéssemos olhos para ver e se começássemos a pensar, a ponderar e a meditar, veríamos Deus no mundo natural. Às vezes tenho dito que lamento muito o fato de haver homens e mulheres que nunca estudaram Anatomia e Fisiologia. Acho muito difícil entender alguém que, tendo aprendido alguma coisa sobre a estrutura humana e seu funcionamento, não acredita em Deus.

Por si só, o corpo humano já basta para nos levar à fé. Pensem em um instrumento como o olho, tão sutil, tão equilibrado e tão delicado. É monstruosa a afirmação de que evoluiu acidental e fortuitamente. Não há nada que se compare a ele. O olho revela a glória de Deus.

Entendo bem o homem – acredito que era mesmo um londrino – que foi até o interior do país para um feriado no final de agosto e, tendo caminhado por uma vereda, parou em um portão e olhou através de um campo de grãos dourados. Então disse: "Muito bem, Deus". Muito bem! Se não viram a glória de Deus em um campo de trigo amadurecido, foram cegados pelo deus deste mundo, o diabo. "Os céus declaram a glória de Deus; o firmamento proclama a obra das Suas mãos." A natureza está clamando por todos os lados. Olhem para as flores e vejam o toque e a arte de nosso Deus e Criador eterno. Ele tem revelado Sua própria glória desse modo.

Mas Deus não para por aí. Se vocês leem livros de história e têm olhos para ver, notarão a glória de Deus na história exatamente da mesma forma que a veem na criação. Na própria história da ascensão, do desenvolvimento, do declínio final e da passagem de grandes dinastias e impérios, não vejo senão a glória de Deus. Desde o início, a humanidade tem tido autoconfiança, conforme revelado a partir da tentativa de construir a Torre de Babel, quando as pessoas subiriam ao céu e seriam deuses! E sempre continuaram dessa maneira. Grandes reinados e poderosos imperadores surgiram e pensaram que eram perfeitos e maravilhosos, exigindo que fossem adorados como deuses. E eles sucumbiram. Não é assim toda a história? A ascensão e a queda das dinastias, dos poderes e das nações. E a razão da queda, como Isaías nos diz, é o vento do Senhor ter soprado sobre essas nações (Is 40:7), que "são como a gota que sobra do balde; para ele são como o pó que resta na balança" (Is 40:15). Releiam seus livros de história e notem o orgulho e a arrogância humanos inflando-se ao céu, descartados quase em um momento. A glória de Deus está na história.

No entanto, do mesmo modo, vocês também encontram a glória de Deus na história do Antigo Testamento, um livro magnífico porque a revela. Não há nada mais triste do que ouvir as pessoas afirmarem não ver nada no Antigo Testamento. Mesmo alguns cristãos são insensatos o bastante para dizer que não conseguem entender por que a igreja primitiva[6] decidiu mantê-lo. Mas fizeram isso porque o Antigo Testamento não atua somente como uma introdução preliminar ao Novo, mas também porque é uma manifestação constante da glória de Deus. E, desse modo, o propósito da salvação é levar-nos a Deus: não com o objetivo de despertar em nós sensações agradáveis, mas para nos acertarmos com Ele. Afinal, qual é

---

6 A igreja primitiva era formada por cristãos que se reuniam para ter comunhão e proclamar o Evangelho, liderados pelos apóstolos, que transmitiam os ensinamentos de Jesus. Começando em Jerusalém, a igreja primitiva rapidamente se espalhou para vários outros lugares. (N.T.)

o propósito do homem? Ser feliz? Não. É, como diz o *Breve Catecismo*,⁷ "glorificar a Deus e gozá-lo para sempre".

Permitam-me lembrá-los de alguns exemplos da glória de Deus como revelados no Antigo Testamento. Consideremos a história do dilúvio, que foi uma manifestação dessa glória. O mundo que pecou contra Ele e não ouviu Sua advertência por meio de Noé foi, finalmente, julgado. Voltando ao Êxodo, na travessia do mar Vermelho, vemos o faraó, sua força e seu poder tiranizando aquela pobre gente, os filhos de Israel. Vejam os egípcios. Vejam seus carros no meio do mar Vermelho, quando destruídos pelas inundações, e os israelitas, olhando para trás, vendo os cadáveres dos egípcios na praia. O que a cena representa? Uma manifestação da glória de Deus! Deus investiu sobre o faraó e seus exércitos, e esse foi o fim deles. Continuem e leiam a história da entrega da lei no Monte Sinai. Leiam sobre a fumaça, o fogo e o tremor, e também sobre o aviso de que qualquer animal ou qualquer ser humano que tocasse aquela montanha seria morto. Novamente, é Deus revelando Sua glória na entrega da lei, revelando alguma manifestação de Seu poder eterno.

Em seguida, leiam sobre Moisés voltando-se para Deus e dizendo: "Tu me ordenaste: 'Conduza este povo', mas não me permites saber quem enviarás comigo". Na verdade, Moisés foi mais longe e disse: "Peço-te que me mostres a tua glória".

---

7 O *Breve Catecismo de Westminster* (*Shorter Catechism*) foi escrito em 1646 e 1647 pela Assembleia de Westminster, um sínodo de teólogos e leigos ingleses e escoceses destinados a deixar a Igreja da Inglaterra em maior conformidade com a Igreja da Escócia. A assembleia também produziu a *Confissão de Fé de Westminster* e o *Catecismo Maior de Westminster*. Uma versão sem as citações das Escrituras foi concluída em 25 de novembro de 1647 e apresentada ao Parlamento Long, e as citações das Escrituras foram adicionadas em 14 de abril de 1649. (N. T.)

E Deus o colocou na fenda de uma pedra, cobriu-o com a mão e falou: "Você não poderá ver a minha face, porque ninguém poderá ver-me e continuar vivo [...] Você verá as minhas costas" (Êx 33:12,18,20-23). E a glória do Senhor passou, e Moisés nunca mais foi o mesmo.

Leiam sobre a decisão de Deus de tirar os filhos de Israel das mãos dos egípcios, aparentemente desamparados, oprimidos, derrotados pelos inimigos. Mas Deus de repente vem, age e o inimigo é encaminhado; as pessoas libertam-se. Toda a história do Antigo Testamento envolve a manifestação da glória de Deus.

Tudo isso, no entanto, de acordo com o texto, revela-se insignificante ao lado desta outra revelação da glória de Deus para a qual chamo a atenção de todos. É como resultado da preparação desta estrada e da vinda desta Pessoa que a glória do Senhor será vista por todos. Aqui está o tema mais arrebatador de toda a Escritura. A mensagem cristã, a salvação cristã, é a manifestação plena e definitiva da glória de Deus.

Em primeiro lugar, o próprio fato de Deus ter enviado Seu Filho ao mundo é uma manifestação majestosa de Sua glória. "Porque Deus tanto amou o mundo que deu o seu Filho Unigênito, para que todo o que nele crer não pereça, mas tenha a vida eterna" (Jo 3:16). Vocês já consideraram o plano de salvação? Antes do início do tempo, o Deus bendito planejava nossa salvação, e é aí que revela algo de Si mesmo que nunca revelou de outra maneira. Esse é o caminho para se conhecer Deus.

Mas, ainda mais importante, a glória de Deus se revela na Pessoa do Filho. Ninguém pode vê-Lo e viver, como Ele disse a Moisés. Então, como podemos conhecê-Lo? Aqui está a resposta: "Ninguém jamais viu a Deus, mas o Deus Unigênito, que está junto do Pai, o tornou conhecido" (Jo 1:18). Jesus

Cristo veio ao mundo em parte para nos conduzir ao conhecimento da glória do Deus inefável. Ouçam como Ele mesmo se expressou. Quando chegou o momento de morrer na cruz, Jesus disse a Seus discípulos que iria deixá-los, e todos ficaram melancólicos. Não sabiam o que fariam sem Ele. Então, Jesus lhes disse: "Não se perturbe o coração de vocês. Creiam em Deus; creiam também em mim". E continuou dizendo que iria preparar um lugar para os discípulos. Mas eles ainda se sentiam infelizes. Filipe disse: "Senhor, mostra-nos o Pai, e isso nos basta" (Jo 14:8).

"Você está nos dizendo que vai nos deixar", disse Filipe, "mas, se pudesse nos mostrar o Pai antes de ir, então acho que conseguiríamos suportar a partida e, de alguma forma, continuar vivendo." Então, nosso Senhor disse estas palavras maravilhosas: "Você não me conhece, Filipe, mesmo depois de eu ter estado com vocês durante tanto tempo? Quem me vê, vê o Pai. Como você pode dizer: 'Mostra-nos o Pai'?" (Jo 14:1-9). O Filho revelou a glória de Deus.

E o apóstolo Paulo, mais tarde, abordou o mesmo tema, exprimindo-o em uma declaração surpreendente: "Pois em Cristo habita corporalmente toda a plenitude da divindade" (Cl 2:9).

Meus amigos, há momentos em que não me entendo, e muito menos entendo vocês. Não entendo como conseguimos nos conter enquanto compreendemos essa surpreendente verdade. É um fato histórico a que se pode referir: no mundo Daquele que tem vivido disso, "habita corporalmente toda a plenitude da divindade" – no bebê de Belém; no menino de 12 anos que confundiu os doutores da lei no templo; no carpinteiro que trabalhou dos 12 anos até os 30 anos, sem que ninguém Lhe dedicasse muita atenção. Como vocês e eu podemos ficar empolgados com as manchetes do jornal e não nos animarmos tanto com essas palavras de Paulo a ponto de sequer falarmos sobre elas? Conversamos sobre essas outras coisas, mas, quando se trata do Filho de Deus, não estamos interessados, não nos preocupamos, e sentimo-nos relutantes ao nos entregar, nós, que temos tanto tempo e energia para entregar às coisas que estão aqui hoje e desaparecerão amanhã.

O problema conosco é que não vemos a glória. Ouçam mais uma vez o autor da epístola aos hebreus: "O Filho é o resplendor da glória de Deus e a expressão exata do seu ser" – ele está se referindo ao que Cristo é para Deus – "sustentando todas as coisas por sua palavra poderosa" (Hb 1:3a). É Jesus de Nazaré, o brilho da glória de Deus e a imagem expressa da Pessoa de Deus, e Ele tem estado neste mundo como um homem. O profeta Isaías diz que a glória do Senhor será revelada quando o caminho estiver preparado. Quando a encarnação ocorre, quando esta divindade e a humanidade se tornam uma, quando os vales são levantados e os montes aplanados, então se revelará a glória do Senhor. Esse profeta quer dizer isso. E tudo literalmente aconteceu neste mundo.

Assim, então, quando olhamos para o Filho de Deus, o que vemos? Ele mesmo nos conta, em sua magnífica oração de sumo sacerdote, ao Se voltar para o Pai e dizer: "Eu te glorifiquei na terra, completando a obra que me deste para fazer" (Jo 17:4). Como Ele glorificou o Pai? Eu poderia continuar falando por horas, mas só vou lhes dar tópicos. Primeiro, manifestou a glória do Pai em Seu *poder*. Vejam os milagres que fez. Quem é essa Pessoa que adormece na popa de um barco e, entretanto, quando os discípulos estão apavorados, levanta-Se e diz ao vento: "Aquiete-se! Acalme-se!", e assim interrompe a ira das ondas de modo que haja "uma completa bonança" (Mc 4:35-41)? Quem é Ele? O que está fazendo? Manifestando a glória de Deus. "Os cegos veem, os mancos andam, os leprosos são purificados, os surdos ouvem, os mortos são ressuscitados" (Mt 11:5).

Observem-No entrar na casa de Jairo, cuja filha morreu. Quando Ele diz: "Por que todo este alvoroço e lamento? A criança não está morta, mas dorme", então "todos começaram a rir de Jesus". Mas Ele apenas toma a mão da menina e fala: "Talita cumi",[8] e ela se levanta e começa a andar (Mc 5:39-42). Observem-No entrar, uma tarde, em uma cidadezinha chamada Naim. Chegam com Ele seus discípulos e uma grande multidão, e, perto da porta da cidade, estava saindo o enterro do único filho de uma pobre viúva. Mas nosso Senhor aproxima-Se, toca no caixão, ordena ao jovem que se levante e o entrega de volta à mãe (Lc 7:11-15). Da mesma forma, no sepulcro de Lázaro O vemos levantar o homem dos mortos. É tudo uma manifestação da glória de Deus, o poder do Criador e do Realizador e o Sustentáculo de tudo que existe.

Então nosso Senhor também manifestou a *santidade* de Deus. Não havia pecado Nele. O diabo, trazendo todas as reservas, atacou-O em um único combate, mas foi silenciado por nosso Senhor com uma palavra. Ele apenas citou as Escrituras e repeliu-o: "Dito está: 'Não ponha à prova o Senhor, o seu Deus'", e o diabo teve de partir (Lc 4:1-13). A santidade de Deus é outro aspecto da manifestação da glória de Deus.

Então, vejam o *amor* e a *compaixão* do nosso Senhor. Gostariam de saber como é Deus? Olhem para Seu Filho, que sempre teve tempo para dedicar a uma situação de

---

[8] Segundo a Bíblia, a expressão significa: "Menina, eu lhe ordeno, levante-se!".

necessidade e de sofrimento. Um dia, Jesus e Seus discípulos se apressavam para ir ao templo quando Ele viu um cego e parou para atender aos pedidos do homem. Outro dia, uma pobre mulher surgiu e O preocupou; os discípulos do nosso Senhor, irritados com ela, tentaram mantê-la afastada. Mas Jesus teve tempo para ela. Nos arredores de Jericó, um pobre cego clamou: "Jesus, filho de Davi, tenha misericórdia de mim!". A multidão tentou silenciá-lo, mas nosso Senhor parou, falou com o cego Bartimeu e devolveu-lhe a visão (Lc 18:35-43).[9] As mulheres trouxeram os filhos pequenos para Jesus colocar as mãos sobre eles e abençoá-los, e os discípulos as repreenderam. Nosso Senhor, no entanto, atendeu ao pedido das mães e abençoou-os. O que Ele estava fazendo em todas as situações? Revelando Deus. Deus é assim: "Quem me vê, vê o Pai" (Jo 14:9b). Vemos Nele a preocupação, o cuidado, o amor de Deus por uma humanidade pecadora, ferida, destroçada, miserável e desventurada.

Mas permitam-me chegar à mais magnífica e definitiva coisa de todas. Não só a glória de Deus se revela no envio do Filho e na Pessoa do Filho, mas a manifestação suprema dessa glória é a *Salvação* que o Filho trouxe e especialmente o modo como ela ocorreu. Isso tem sido visto em Sua vida, em Seu ensinamento, em Seu poder, mas, acima de tudo, em Sua morte na cruz. É por isso que Isaac Watts[10] cantava:

---

9 O episódio a que o pastor se refere, com a citação do nome do cego, está em Marcos 10:46-52. (N.T.)

10 Isaac Watts (1674-1748) foi um poeta, pregador, teólogo, lógico e pedagogo inglês. É reconhecido como o "Pai do Hino Inglês", e foi o primeiro escritor inglês de hinos prolíficos e populares, sendo-lhe creditada a quantia de quase 750 hinos. Muitos deles permanecem ativos até hoje e têm sido traduzidos em várias línguas. (N.T.)

> *Quando entendo a dor da Tua cruz*
> *Onde o Rei glorioso morreu*
> *Tudo o que tenho eu ponho a perder*
> *Me esvazio, prostrado aos Teus pés*[11]

"O Príncipe da Glória"!

Mas como vemos glória na cruz? Primeiro, supremamente vemos a *sabedoria* de Deus. A glória de Deus consiste em todos os Seus atributos. Isso é Deus em Seu ser essencial, que é Sua glória brilhando. E lá na cruz vemos a sabedoria Dele. No entanto, é poderoso e terrível o problema dos homens e das mulheres, e o problema do pecado, o qual desconcertou toda a humanidade desde o início. A história de toda civilização não é nada, em certo sentido, senão a história do empenho humano para lidar com o problema do pecado.

A civilização é marcada pela tentativa de encontrar a felicidade, produzir paz e concórdia, visando tornar a vida suportável e harmoniosa. Essa tem sido a missão de todos os filósofos, de todos os estadistas e políticos. Homens e mulheres, pensando, tentam desenvolver um modo de vida que seja suportável. Contudo, nunca resolveram o problema e estão fracassando tão drástica e tragicamente hoje quanto já fracassaram em sua longa história pelos séculos. É necessário haver sabedoria para resolver o problema, e em Cristo vemos a sabedoria de Deus providenciando a solução. Por isso Paulo diz:

---

11 *Maravilhosa Cruz*, versão brasileira pelo grupo Domonte da música *The Wonderful Cross*, de Isaac Watts.

Nós, porém, pregamos a Cristo crucificado, o qual, de fato, é escândalo para os judeus e loucura para os gentios, mas para os que foram chamados, tanto judeus como gregos, Cristo é o poder de Deus e a sabedoria de Deus. (1Co 1:23-24)

Isso é Deus, se posso falar com reverência, aplicando à mente Dele o problema do pecado na humanidade perdida.

E que perfeição! Percebem o que Ele fez? O problema era este: como os homens e as mulheres podem ser perdoados por um Deus sagrado? O que pode ser feito sobre a natureza perdida da humanidade? Como ela poderá receber um novo jeito de ser? As pessoas precisam disso. Nada lhes bastará. Conseguirão escapar da miséria moral? Não. Esse é o problema. "Será que o etíope pode mudar a sua pele? Ou o leopardo as suas pintas?" (Jr 13:23a). "Você consegue perscrutar os mistérios de Deus?", pergunta o livro de Jó (11:7a). Então, o que pode ser feito? E aqui está a sabedoria de Deus, ao dizer: Enviarei meu próprio Filho, meu único Filho.

E o Filho de Deus veio. Nele, a natureza humana estava ligada ao divino e ao eterno. Nele, há Deus perfeito e homem perfeito. Ele assumiu a natureza humana e, assim, é capaz de redimir e levantar a raça humana. Diz o autor da epístola aos hebreus: "Ao levar muitos filhos à glória, convinha que Deus, por causa de quem e por meio de quem tudo existe, tornasse perfeito, mediante o sofrimento, o autor da salvação deles" (Hb 2:10). Eu gosto dessa palavra, "tornasse". Isso significa: "Não é próprio de Deus fazê-Lo assim? Que perfeição! Quem teria pensado em tal coisa? Por assim dizer, Deus precisa tornar-se homem para que a Palavra seja materializada em carne e habite entre nós". Foi isso que aconteceu. Essa é a sabedoria de Deus, uma faceta da Sua glória.

Portanto, pensem na manifestação do *poder* de Deus nisto: como Ele venceu o diabo, sim, como venceu a morte e a sepultura. Venceu a todos e a tudo. Todo inimigo do homem foi encaminhado; tudo que mantém homens e mulheres pressionados e os escraviza. Como Cristo lidou com todos, a glória de Deus tem sido revelada em Seu poder absoluto.

Mas vocês já pensaram na glória de Deus revelada em Cristo no caminho da salvação neste sentido: já houve uma manifestação da *santidade*, da *retidão* e da *justiça* de Deus tal como vocês a veem? Por que o Filho de Deus veio a nós? Por que deveria ter nascido como um bebê? Por que deveria ter trabalhado como carpinteiro? Por que deveria ter transpirado gotas de sangue no Jardim do Getsêmani? Por que os homens cuspiram na face Dele? Por que deveriam ter enfiado uma coroa de espinhos sobre Sua testa? Por que deveriam ter abusado e caçoado dele, e ainda O ridicularizado? Por que Jesus passou por tudo isso? E só existe uma resposta. A justiça, a santidade e a retidão de Deus são tais que nada mais conseguiria satisfazê-los. O pecado tinha de ser tratado. E, ao olhar para a cruz, a primeira coisa que vejo é a santidade, a retidão e a justiça inefáveis do Deus que disse que o pecado deve ser punido, que o pecado é tão terrível que precisa ser destruído. E é isso o que exige a morte na cruz. É parte da glória de Deus.

Considerem mais uma vez a inefável santidade de Deus, Sua imaculada e imutável retidão. "Deus é luz; nele não há treva alguma" (1Jo 1:5b). Ele é o "Pai das luzes, que não muda como sombras inconstantes" (Tg 1:17b). Não há desconfiança nem qualquer compromisso com o pecado e o mal. O semblante Dele é tão puro que nem consegue considerar tais coisas. E toda a glória de Deus exigiu que o pecado fosse tratado com justiça e retidão, e isso aconteceu na cruz. O pecado foi punido na Pessoa do Filho Unigênito.

Entretanto, é claro, ao mesmo tempo, a cruz é a manifestação mais gloriosa do amor de Deus. Digo com reverência que nada pode dar a alguém uma concepção maior do amor de Deus do que a cruz do Calvário, porque ela significa que Deus, aquele Deus glorioso, nos amou tanto – rebeldes, miseráveis e deploráveis seres insignificantes que somos, quem se pôs contra Ele em toda a Sua glória em razão da nossa indescritível ignorância – que enviou Seu Filho para sofrer tudo isso, para que nós, e aí me incluo, fôssemos perdoados e para que Ele Se reconciliasse Consigo. "Deus em Cristo estava reconciliando consigo o mundo, não lançando em conta os pecados dos homens" (2Co 5:19a).

A cruz é a medida do Seu amor: "Aquele que não poupou a seu próprio Filho, mas o entregou por todos nós" (Rm 8:32a). É esse o significado. Deus não poupou Seu Filho do sofrimento e da vergonha – tudo era essencial –, e Deus reservou ao Filho o castigo pelos meus pecados para que eu fosse perdoado. Tudo para nós. Portanto, não nos surpreende que Samuel Davies[12] tenha escrito um hino em que disse:

Grande Deus das maravilhas!
Todos os seus caminhos
Mostram os atributos divinos.[13]

---

12 Samuel Davies, um dos grandes pregadores da América colonial, nasceu em Delaware em 1723 e morreu em Princeton, Nova Jersey, em 1761. (N.T.)

13 Tradução livre da música *Great God of Wonders*, de Samuel Davies.

Todos eles, natureza e criação, história, ordem dos acontecimentos...

Mas os atos incontáveis da graça perdoadora
Brilham além de Suas outras maravilhas.
Quem é Deus que perdoa como Você?
Ou quem tem graça tão rica e livre?

"A glória do Senhor será revelada", disse Isaías, oitocentos anos antes de acontecer. Ele a viu chegando; a visão lhe foi dada.

Mas vocês e eu não ansiamos por isso; ignoramos o fato. Aconteceu. A glória do Senhor foi revelada. Sabiam? Sabiam que Deus agiu por vocês? Estavam cientes dessa manifestação da glória de Deus em Sua retidão, Sua santidade e Seu amor? "E toda a humanidade verá a salvação de Deus." Vocês já a viram? Já sabem e percebem isso? Viram a glória de Deus em suas muitas facetas brilhando sobre vocês em Cristo e na grande salvação Dele?

Oh, estou me alongando nessas perguntas porque se aproxima o dia em que todos os olhos O verão, essa Pessoa em quem o resplendor da glória de Deus se concentra na perfeição. E a mensagem da Bíblia é que todo homem e toda mulher que já nasceram, em qualquer época, em qualquer lugar, terão de ver a glória de Deus. E o que sentirão no momento será determinado pelo que conhecem sobre essa glória agora. Se têm visto a glória de Deus na salvação em Cristo, esse é um dia aguardado com ansiedade, desejado, um dia que significará o fim do pecado, da vergonha e do sofrimento, o fim de toda agonia. Um dia que significará vê-Lo, ser como Ele e assim desfrutar a eternidade a Seu lado.

No entanto, de acordo com as mesmas Escrituras, se ainda não vimos essa glória neste mundo, então a veremos: "E todo olho o verá, até mesmo aqueles que o traspassaram" (Ap 1:7). E naquele tempo "gritavam às montanhas e às rochas: 'Caiam sobre nós e escondam-nos [...] da ira do Cordeiro!'" (Ap 6:16).

Meus queridos amigos, não estou aqui para assustá-los; estou aqui para lhes dizer isto: a glória do Senhor em toda a sua perfeição tem sido revelada no Senhor Jesus Cristo do modo que lhes descrevi. E ela é para vocês. Não é uma questão teórica; é uma mensagem pessoal: a única maneira pela qual podem ser perdoados está na crença e no conhecimento de que Cristo, o Filho de Deus, veio ao mundo para arcar com os pecados de todos e morrer por vocês. Tal realidade os convida a renunciar ao pecado e entregar-se a Ele; isso significa que Deus irá dar-lhes de novo a vida e torná-los filhos Dele. Entendam que a glória de Deus e o caminho de salvação estão Nele; confiem nisso e em nada mais, ou permanecerão onde estão e como são.

Não há necessidade de qualquer argumento. A aparição de Cristo representará, por si só, a condenação de todos os incrédulos. Assim será. Deus não pode fazer mais nada. Não há nada que Deus possa fazer sobre a salvação da humanidade. E não acreditar nessa mensagem, não se entregar a este Cristo e submeter-se completamente a Ele, implica vocês mesmos se levarem a julgamento. A glória do Senhor *tem sido revelada*: "Pois Deus que disse: 'Das trevas resplandeça a luz', ele mesmo brilhou em nossos corações, para iluminação do conhecimento" – do quê? – "da glória de Deus na face de Cristo" (2Co 4:6). Entendam. Comecem a se exultar diante de tal verdade e estejam eternamente salvos.

UMA SALVAÇÃO GARANTIDA, UM SALVADOR PODEROSO

4

UMA VOZ ORDENA: "Clame". E eu pergunto: "O que clamarei?". "Que toda a humanidade é como a relva, e toda a sua glória como as flores do campo. A relva murcha e cai a sua flor, quando o vento do Senhor sopra sobre eles; o povo não passa de relva. A relva murcha, e as flores caem, mas a palavra de nosso Deus permanece para sempre." Você, que traz boas-novas a Sião, suba num alto monte. Você, que traz boas-novas a Jerusalém, erga a sua voz com fortes gritos, erga-a, não tenha medo; diga às cidades de Judá: "Aqui está o seu Deus!". O Soberano Senhor vem com poder! Com seu braço forte ele governa. A sua recompensa com ele está, e seu galardão o acompanha. Como pastor ele cuida de seu rebanho, com o braço ajunta os cordeiros e os carrega no colo; conduz com cuidado as ovelhas que amamentas suas crias. (Is 40:6-11)

À medida que nos voltamos para as considerações dessas comoventes palavras de Isaías, é importante que notemos a conexão entre essa nova passagem e o que foi dito nos versículos de 1 a 5. Lá é apresentado o excepcional conteúdo do Evangelho. É a proclamação de Deus do que Ele vai fazer em Seu Filho, e estamos olhando a maravilha e a glória disso tudo. E então, no versículo 6, mais uma vez se dá o comando para que se proclame a mensagem: "Uma voz ordena: 'Clame'". Mas surge uma dificuldade na mente de Isaías, a qual é o problema abordado nos versículos de 6 a 8: "O que clamarei?". Essas coisas são possíveis? Mas Deus responde à dificuldade do profeta e, assim fazendo, Ele nos dá, também, razões para acreditar no Evangelho.

Primeiro, consideremos a dificuldade do profeta em acreditar. Há muitos aspectos, e o primeiro, é claro, está na pura grandeza e glória da mensagem. Como conseguimos acreditar que Deus estaria satisfeito conosco? Como conseguimos acreditar no surpreendente milagre da encarnação? São poderosas maravilhas e hesitamos sobre elas.

Depois, o segundo aspecto da dificuldade surge de todas as propostas do Evangelho, cujas promessas parecem muito boas para serem verdade.

E, em terceiro lugar, perguntamo-nos como esse programa pode ser realizado quando a natureza humana é tão fraca e frágil. Disse Isaías:

> Toda a humanidade é como a relva, e toda a sua glória como as flores do campo. A relva murcha e cai a sua flor, quando o vento do Senhor sopra sobre eles; o povo não passa de relva. (Is 40:6,7)

O profeta parece dizer: "É muito fácil prometer uma coisa tão fantástica, mas homens e mulheres falham e morrem. Uma geração se segue a outra e tudo parece sem esperança.

A natureza humana é muito fraca para suportar as forças que enfrenta, assim como os israelitas em cativeiro eram muito fracos para lidar com seus capturadores".

Então, esse é o primeiro ponto: *a dificuldade de acreditar*. Em segundo lugar, à luz de tudo isso, *por que* eu deveria acreditar no Evangelho? E aqui, nestes versículos, Isaías dá a resposta. Primeiro, porque esta mensagem não é a palavra do homem, mas "a palavra de nosso Deus", do Senhor, e "a palavra de nosso Deus permanece para sempre" (versículo 8).

"Mas como sei disso?" – pergunta alguém.

Bem, antes de mais nada, a própria Bíblia diz ser a Palavra de Deus. Não foram os homens que pensaram nisso. A mensagem lhes foi dada; ficaram maravilhados com ela e não conseguiram entendê-la sozinhos. Além disso, sabemos que esta é a Palavra de Deus pelo fato de a profecia ter-se cumprido. O que Isaías previu aqui aconteceu, em todos os detalhes, no retorno dos judeus saindo da Babilônia, e em tudo o que aconteceu na vinda de Cristo. Isso é um *fato*.

Então, acreditamos no Evangelho porque ele é a Palavra de Deus, e, em segundo lugar, devemos também acreditar nele porque é o *poder* de Deus. Isaías contrasta aqui com a palavra do homem, que sempre perece e não leva a nada. Homens e mulheres sempre propõem e prometem muito, mas nada acontece. Por quê? Porque a vida humana é muito frágil, muito breve, o inimigo, muito poderoso, e homens e mulheres não têm o poder de resistir a ele. O problema é que eles precisam do poder de Deus para lidar com isso. E o Evangelho é esse poder. Ele tem o poder de nos dar vida nova e eterna. É o poder de Deus para superar todos os inimigos que estão contra nós.

E, em terceiro lugar, devemos acreditar no Evangelho em razão da certeza do pleno *cumprimento* do restante das promessas de Deus, promessas que ainda serão cumpridas. "A palavra de Deus", diz Isaías, "permanece para sempre". E o que a Palavra nos diz certamente acontecerá. O que isso significa?

Primeiro, a Palavra de Deus nos diz que haverá um fim dos tempos e um dia de julgamento: "Pois estabeleceu um dia em que há de julgar o mundo com justiça, por meio do homem que designou. E deu provas disso a todos, ressuscitando-o dentre os mortos" (At 17:31). Nesse dia, como vimos antes, "todo olho o verá" (Ap 1:7), e todo homem e mulher nascidos neste mundo irão ao seu destino final.

Em segundo lugar, a Palavra de Deus nos diz que seremos julgados por essa Palavra. A lei de Deus é a Sua palavra, e a palavra de Cristo nos Evangelhos é também a Palavra de Deus. Nosso Senhor disse: "Eu sou a luz do mundo. Quem me segue, nunca andará em trevas, mas terá a luz da vida" (Jo 8:12).

> Se alguém ouve as minhas palavras, e não as guarda, eu não o julgo. Pois não vim para julgar o mundo, mas para salvá-lo. Há um juiz para quem me rejeita e não aceita as minhas palavras; a própria palavra que proferi o condenará no último dia. (Jo 12:47,48)

Nada pode impedir esse julgamento futuro; é "a palavra de nosso Deus". "Toda a humanidade é como a relva", quando o vento do Senhor sopra sobre ela; o povo não passa de relva, mas a palavra de nosso Deus permanece para sempre.

Agora, tendo nos certificado, nos versículos 5 e 6, de que não há motivo para duvidar da Palavra de Deus, Isaías continua, nos versículos de 9 a 11, a relatar mais uma vez a excepcional mensagem do Evangelho, e permite a nós que entremos no segredo de mais detalhes dessa mensagem. Mais uma vez, enfatiza certas características. Primeiro, ele nos diz *como* a mensagem deve ser pregada. As "boas-novas", ele relata, devem ser proclamadas do topo das montanhas: "suba num alto monte"; e devem ser com "fortes gritos". Aqui, novamente, Isaías está enfatizando não só a importância da mensagem, mas também sua singularidade. Este Evangelho traz notícias maravilhosas, e sempre precisamos começar compreendendo isso. Não importa o que se apresente como Evangelho, se não é uma boa-nova, então não é o verdadeiro Evangelho.

Em seguida, Isaías diz que a mensagem deve ser pregada sem medo: "Não tenha medo", exorta. Há muitos medos que comprometem nossa proclamação do Evangelho: o de que a mensagem não se cumprirá, e também o medo do ridículo e da zombaria que talvez ocorra em resposta à pregação. Em sua epístola aos coríntios, o apóstolo Paulo diz que sua mensagem de "Cristo crucificado" é "loucura para os gentios" (1Co 1:23), e essa reação ao Evangelho continua a mesma ainda hoje.

Depois, há, é claro, o medo de que a pregação conduza à perseguição, ao sofrimento e talvez até à morte. Os homens e as mulheres odeiam o Evangelho. Nosso Senhor ensinou isso no capítulo 12 de Lucas: "Vocês pensam", Ele diz, "que vim trazer paz à terra? Não, eu lhes digo. Pelo contrário, vim trazer divisão!" (versículo 51). Então, novamente em Mateus, capítulo 10, ele diz: "Tenham cuidado, pois os homens os entregarão aos tribunais e os açoitarão nas sinagogas [...] todos odiarão vocês por minha causa" (versículos 17-22). E foi exatamente isso que aconteceu com os apóstolos, como vemos no livro de Atos.

Por que homens e mulheres odeiam o Evangelho? Porque a mensagem do Evangelho condena a nossa religiosidade e todos os nossos esforços para nos tornarmos bons e ganharmos a nossa própria salvação. Mostra o nosso total desamparo em face da santidade e da ira de Deus, e também do julgamento que virá. Nada mostra tão claramente o caráter terrível do pecado como esse ódio por Deus; as pessoas são inimigas Dele e, em especial, de Cristo e da cruz.

Dessa maneira vemos, então, *como* a mensagem deve ser pregada: as boas-novas do Evangelho precisam ser proclamadas dos montes, em voz alta e sem medo. Em segundo lugar, continuemos para considerar *a quem* essa mensagem é enviada. Neste ponto, a Versão Autorizada (do Rei Jaime) e a Versão Revisada[14] diferem. Na Versão Autorizada, o versículo 9 diz que Tsión (Zion) e Jerusalém são os portadores da mensagem, enquanto a Versão Revisada, talvez mais corretamente, afirma que a mensagem é enviada a esses lugares. De certa maneira, ambas são verdadeiras. Aqui, de novo, encontramos uma maravilhosa profecia. A mensagem do Evangelho foi transmitida primeiro aos judeus e depois, por meio deles, para o mundo todo, como nosso Senhor disse aos Seus discípulos antes de subir ao céu: "Mas receberão poder quando o Espírito Santo descer sobre vocês, e serão minhas testemunhas em Jerusalém, em toda a Judeia e Samaria, e até os confins da terra" (At 1:8). Cristo veio dos judeus, "como homem, era descendente de Davi" (Rm 1:3b), mas Ele é para todos. É espantoso como as pessoas se esquecem disso.

Tendo visto como o Evangelho deve ser pregado e para quem, devemos considerar *por que* essa mensagem deve ser proclamada assim, em voz alta, de forma corajosa e sem medo.

---

14 Durante séculos, acreditava-se que a Versão Rei Jaime era a única Bíblia "verdadeira". Em 1870, na Inglaterra, começou a ser feita uma revisão completa dela, que ficou conhecida como *English Revised Version* (Versão Revisada Inglesa). Uma revisão mais recente da Versão Autorizada, de 1982, diz em seu prefácio que foram feitos esforços "para manter o estilo lírico que é tão prezado na Versão Rei Jaime" de 1611. (N.T.)

E mais uma vez a resposta é a mesma: por causa do Salvador e da Sua salvação. Primeiro, Ele é o nosso Deus: "Eis o teu Deus!", diz Isaías, e, quando observamos os versículos 3 a 5, compreendemos o significado dessas palavras. Mas, em segundo lugar, e acima de tudo, talvez devamos proclamar o Evangelho dessa maneira em razão do caráter maravilhoso do Salvador, e esse é o tema especial de tais versículos. No versículo 11, Ele é descrito como o Pastor que veio salvar a ovelha perdida. Afinal, é o que somos, essa é a nossa condição, ensinamento frequente na Escritura. "Todos nós, tal qual ovelhas, nos desviamos", diz Isaías no capítulo 53, versículo 6, e a descrição é perfeita. Temos nos afastado de Deus nosso Criador, estamos no deserto, sem comida e sem proteção, à mercê de bestas selvagens. Por isso estamos magros, assediados e assustados, incapazes de encontrar nosso caminho de volta ao rebanho.

Mas, graças a Deus, a mensagem não termina aí. Deus enviou um libertador, descrito nos versículos 10 e 11. O que o Espírito Santo nos revela aqui? Precisamente o que nos foi dito, de modo pictórico, sobre o Pastor que veio procurar e salvar a ovelha perdida? O que vemos nesta imagem é uma notável mistura e combinação de duas qualidades que, a princípio, parecem bastante contraditórias: força e ternura. Esses dois elementos estão presentes na vida e no ensino de nosso Senhor, e ambos são absolutamente essenciais para nossa salvação.

Primeiro, Isaías enfatiza a força do Libertador: "O Soberano Senhor vem com poder! Com seu braço forte ele governa" (versículo 10). Agora, uma possível tradução de "com braço forte" é "contra o forte", mas, independentemente de essa tradução alternativa estar ou não correta aqui, certamente é ensinada em toda parte nas Escrituras. Precisamos ser libertados de todas as forças que nos mantêm cativos e que ficam entre nós e Deus e Sua bênção. Quais são elas? Bem, primeiro, há a lei de Deus e suas exigências. Depois, há o pecado, que nos é inerente, e seu domínio sobre nós. Em terceiro lugar, há Satanás e todos os poderes do mal. E, finalmente, devemos enfrentar a morte e o túmulo.

Nenhum ser humano conseguiu lidar com qualquer uma dessas forças que estão contra nós, mas a ótima notícia da salvação é que Deus enviou Seu Filho, que lidou com todos os poderes do mal. O apóstolo Paulo escreve:

> Porque, aquilo que a lei fora incapaz de fazer por estar enfraquecida pela carne, Deus o fez, enviando seu próprio Filho, à semelhança do homem pecador, como oferta pelo pecado. E assim condenou o pecado na carne. (Rm 8:3)

O homem nascido no pecado não conseguia fazer isso, mas veio o Filho de Deus, Aquele que era Deus e homem, desprovido de pecado, Aquele que era verdadeiramente homem, e, ainda mais, também era Deus. Além disso, Ele agiu sozinho, Ele mesmo fez tudo isso: "Ele realizou poderosos feitos com seu braço" (Lc 1:51a). Portanto, manteve a lei, não tinha pecado e derrotou e conquistou Satanás e o mal no que tem de pior. Ele estava sozinho no Jardim do Getsêmani, estava sozinho na cruz e foi forte o bastante para suportar nossos pecados e a punição por causa deles. "Cobri de forças um guerreiro, exaltei um homem escolhido dentre o povo" (Sl 89:19b). Como o profeta Isaías escreve sobre Ele em um capítulo posterior: "Sozinho pisei uvas no lagar" (Is 63:3a).

Então, como vemos na ressurreição e na ascensão do Senhor, Ele venceu a morte e o túmulo; o Pentecostes é a prova final disso. Na sua grande oração sacerdotal, ele disse ao Pai:

"Eu te glorifiquei na terra, completando a obra que me deste para fazer" (Jo 17:4). No versículo 10, Isaías profetiza que o Salvador terá uma grande recompensa, e diz que Ele verá isso mesmo enquanto estiver na terra: "a sua recompensa com ele está, e seu galardão o acompanha". E isso se provou. Lemos na epístola aos hebreus:

> Mas quando este sacerdote acabou de oferecer, para sempre, um único sacrifício pelos pecados, assentou-se à direita de Deus. Daí em diante, ele está esperando até que os seus inimigos sejam colocados como estrado dos seus pés. (Hb 10:12-13)

E de novo: "Ele, pela alegria que lhe fora proposta, suportou a cruz, desprezando a vergonha" (Hb 12:2b). E Paulo escreve em Filipenses: "Por isso Deus o exaltou à mais alta posição e lhe deu o nome que está acima de todo nome" (Fp 2:9).

Mais uma vez, antes que nosso Senhor subisse ao céu, Ele disse a seus discípulos: "Foi-me dada toda a autoridade no céu e na terra" (Mt 28:18b). Ele tem salvação e vida eterna para dar a todos que acreditam Nele. Como Isaías apresenta em seu excepcional 53º capítulo: "ele verá a luz e ficará satisfeito; pelo seu conhecimento meu servo justo justificará a muitos, e levará a iniquidade deles" (Is 53:11). Meus amigos, vocês compreendem quem é Cristo? E compreendem que vivem em tal condição que nenhum outro poderia livrá-los? Compreendem o que Ele fez por vocês? O inimigo é derrotado, principalmente o pecado, e também a lei que está contra nós por causa do pecado. Nosso Senhor nos reconciliou com Deus por meio de Seu braço forte; toda a salvação cristã está Nele.

5 O BOM PASTOR

VOCÊ, QUE TRAZ boas-novas a Sião, suba num alto monte. Você, que traz boas-novas a Jerusalém, erga a sua voz com fortes gritos, erga-a, não tenha medo; diga às cidades de Judá: "Aqui está o seu Deus!". O Soberano Senhor vem com poder! Com seu braço forte ele governa. A sua recompensa com ele está, e seu galardão o acompanha. Como pastor ele cuida de seu rebanho, com o braço ajunta os cordeiros e os carrega no colo; conduz com cuidado as ovelhas que amamentas suas crias. (Is 40:9-11)

Continuemos com a nossa consideração sobre o extraordinário retrato do Libertador – apresentado aqui para nós pelo profeta Isaías –, a quem Deus prometeu enviar ao mundo para resgatar e redimir a raça humana. É uma imagem ambivalente. O décimo versículo traduz força e poder, e Isaías mostra claramente que o Libertador tem essa força e esse poder em Si mesmo. Ele veio para lidar com certos inimigos da humanidade e com todas as forças que estão definidas contra nós. É forte o bastante para fazer isso, e faz. Tem lidado com todos eles, e vencido; tem manifestado seu poder e, desse modo, obtido a redenção eterna para nós. Essa é a imagem no versículo 10 – este poderoso conquistador, aquele que virá "com braço forte", aquele de quem Isaías diz: "com seu braço forte ele governa. A sua recompensa com ele está, e seu galardão o acompanha". Aquele que dominou e venceu o diabo em todo o Seu poder e até mesmo a morte e a sepultura.

No entanto, no versículo 11, temos o que parece, na superfície, uma imagem completamente diferente. É uma imagem de fantástica ternura, uma imagem de alguém gentil, paciente, resignado e compreensivo. Agora, enfatizo mais uma vez, pois é um aspecto vital da mensagem cristã, que, embora as imagens pareçam diferentes, a diferença está apenas na superfície. Os dois aspectos constituem apenas dois lados de uma só Pessoa, deste grande Ser, o Filho de Deus, o Salvador do mundo. Ambos são verdadeiros, e é muito errado e extremamente perigoso esquecer qualquer lado. Se Ele não tivesse a força, eu não seria capaz de pregar esta mensagem. É só em razão de ser tão forte que Ele consegue ser tão terno; a força é tão essencial quanto a ternura.

Nosso Salvador e Senhor é um e sempre o mesmo, e a diferença, a visão que temos Dele, em certo sentido depende da pessoa ou dos problemas que Ele está vendo. Quando olham para Satanás, para o pecado, para o mal e para tudo que age contra nós, tudo que é inimigo de Deus e tem gerado tanta ruína para este mundo, vocês quase O imaginariam rude. E certamente Ele é forte e poderoso enquanto vê tal cenário. Mas aqui Ele está olhando para nós, não para eles. Está vendo a humanidade no pecado, na vergonha e na miséria. Está voltado para nós e, enquanto assim o faz, é isto o que vocês veem: "Como pastor ele cuida de seu rebanho, com o braço ajunta os cordeiros e os carrega no colo; conduz com cuidado as ovelhas que amamentas suas crias". Ele está olhando para as pessoas necessitadas e no sofrimento, e é isso que elas veem quando realmente O olham.

Então, olhemos esta excepcional imagem juntos. Notemos mais uma vez que o grande princípio central permanece exatamente o mesmo. Há sentido e verdade em dizer que existe apenas uma magnífica mensagem em toda a Bíblia, uma mensagem que vem a todos, e é esta: *Olhe para Ele*. Não olhe para nenhuma outra pessoa. Isso está impresso em nossa mente no versículo 9 deste capítulo, cuja mensagem é: "Aqui está o seu Deus!". Essa é a boa-nova. Esse é o Cristianismo. A fé cristã não é moralidade nem algum projeto para liquidar disputas internacionais – nada desse tipo. O Cristianismo, em sua essência, é Cristo. Ele é o começo; Ele é o fim. Não elaborei essa teoria, pois está ensinada no Novo Testamento. Ele é chamado de "o Alfa e o Ômega [...] o que é, o que era e o que há de vir" (Ap 1:8); Ele é o tudo em tudo. Tudo está nele. E se não O temos olhado, o Senhor Jesus Cristo, nada sabemos sobre o Cristianismo.

Algumas pessoas talvez se perguntem por que continuo enfatizando a necessidade de se olhar para Cristo. Tenho uma razão: acho que um erro fatal – a tendência de pensar no Cristianismo como alguma coisa que vocês e eu devemos *fazer* – ainda fascina e se prende à mente das pessoas, roubando-lhes as bênçãos da salvação. Elas não O olham. Olham quase tudo, menos esta Pessoa, o Senhor Jesus Cristo. E ainda assim Ele é todo do Cristianismo, e não há mensagem cristã alguma além Dele.

Agora a boa-nova é que o Salvador chegou. Portanto, precisamos saber quem Ele é. Precisamos perceber que é nosso Deus. Precisamos perceber que não é somente um homem, somente um magnífico professor que surgiu de repente. Ele não é um poderoso filósofo que apareceu de repente. Não, não, o Salvador está sozinho em uma categoria. Não pertence a este mundo; veio para ele. A mensagem fundamental do

Cristianismo é a encarnação, a vinda do Filho de Deus, a entrada no tempo eterno; essa é toda a mensagem. Se pensarmos que Jesus de Nazaré é apenas um homem, ainda que o maior que o mundo já conheceu, então não estaremos pensando como cristãos. "Olhe para Ele" – vejam quem Ele é e depois o que fez por nós.

Agora, trabalhemos nisso em detalhes. Enquanto o fazemos, preciso dizer que é quase impossível compreender como alguém em uma situação de necessidade pode rejeitar tal Salvador como o Salvador descrito em nossas palavras. Como alguém pode descartar o Senhor Jesus Cristo com promessa ou com maldição e não encontrar utilidade alguma para Ele? Como alguém pode pensar Nele como um cruel tirano que parece estar contra nós? Não, a verdade sobre Ele é precisamente o que está registrado neste versículo em uma imagem tão bela. Aqui, com certeza, uma mensagem para todos os que estão exaustos, tristes e devastados, para todos os que foram cruelmente golpeados e maltratados pela vida. Que Deus nos dê toda a graça enquanto olhamos para essa imagem de nosso Senhor; que me dê graça para desdobrá-la e expô-la; que dê graça a todos os que a recebem.

Meus queridos amigos, aqui se resolvem todas as suas dificuldades. Consideram-se todas as suas dúvidas, e removem-se todas as suas desculpas. A imagem é tão gloriosa, tão transcendentemente gloriosa, que, se nós a virmos verdadeiramente, nos apressaremos em aproveitá-la, acreditar nela, aceitá-la e submeter-nos a Ele.

Agora, toda essa divagação se justifica por uma ótima razão. Leiam o capítulo 10 do Evangelho de João. Lá, vemos a Pessoa abençoada que está retratada no versículo do nosso texto, na verdade entre homens e mulheres, falando com eles, contando-lhes sobre Si com Suas próprias palavras. Nesse capítulo, vemos as pessoas olhando para o rosto e para os olhos Dele enquanto lhes conta os milagres da bondade e da compaixão que viram e, no entanto, vemos que não acreditam, não compreendem. Aquelas pessoas sentem que Ele não está falando com clareza. Os judeus, o próprio povo a quem Jesus está falando como o "bom pastor" e como "a porta das ovelhas", Ele mesmo vai até o povo, que diz: "'Até quando nos deixará em suspense? Se é você o Cristo, diga-nos abertamente'. Jesus respondeu: 'Eu já lhes disse, mas vocês não creem. As obras que eu realizo em nome de meu Pai falam por mim, mas vocês não creem, porque não são minhas ovelhas'" (Jo 10:24-26).

A suprema tragédia do mundo é que, embora o nosso Senhor tenha vindo, e tudo o que Isaías diz aqui é verdade, mesmo assim homens e mulheres ainda pedem alguma coisa e sentem que Deus está ocultando algo, ao passo que Ele fez e deu tudo ao entregar Seu Filho. Oro, portanto, para que, enquanto olhamos essa gloriosa imagem, tão perfeitamente retratada neste versículo, todos consigamos ver o Filho de Deus de um modo que nunca vimos antes. E oro especialmente para que, se houver alguém que nunca O tenha visto, veja agora, em todos os aspectos, o próprio Salvador de que vocês precisam.

Felizmente para nós, como já especifiquei, o primeiro versículo do capítulo 40 de Isaías nos foi apresentado pelo próprio Senhor. Há uma exposição perfeita disso em João, capítulo 10, e tudo o que desejo fazer agora é apressadamente reter essa imagem diante de vocês. Quero extrair os princípios, mantê-los e destacá-los, e quero fazê-lo de modo tão simples e tão direto quanto consigo, pois sei aqui haver pessoas que, como aqueles judeus antigos, ouviram essa mensagem, mas não a entenderam. Elas dizem que querem acreditar. Pedem: "Exponha essa ideia com clareza". Porém, mesmo o fazendo com clareza, ainda assim não a compreendem. Vamos, portanto, olhá-la mais uma vez.

A primeira coisa que encontramos é Isaías falando sobre um relacionamento: "Como pastor ele cuida de seu rebanho". E a primeira coisa verdadeira sobre o povo cristão se refere a ele estar em uma relação especial com o Senhor Jesus Cristo. Nosso Senhor aborda essa questão no capítulo 10 do Evangelho de João, onde lemos que Ele divide o mundo em dois grupos: aqueles que são suas ovelhas e aqueles que não as são. Entretanto, precisamos compreender que nem todos estão em um relacionamento com Ele. Nem todos são cristãos. Nem todos neste país são cristãos. Isso mostra a real insensatez de falar sobre "países cristãos" ou "nações cristãs". Não existe tal coisa. Não se podem separar pessoas em nacionalidades e assim definir se são ou não cristãs. Não mesmo! Aqui estão a divisão e a distinção fundamentais: ser cristão significa estar em um relacionamento especial com Ele. Em outras palavras, há uma diferença óbvia e surpreendente entre alguém que é cristão e alguém que não é. Esse ensinamento se torna absolutamente básico para a Bíblia. Encontra-se a distinção enfatizada no Antigo Testamento. Os filhos de Israel eram o próprio povo de Deus, enquanto as outras nações não eram, e adoravam ídolos e vários outros deuses. Quer gostemos ou não, é apenas um fato, um fato histórico, que aquele povo era o escolhido por Deus. E esse é basicamente o ensinamento de todo o Novo Testamento e a posição de que somos todos nós, neste momento, ou cristãos ou não cristãos. Esse é o primeiro aspecto desse relacionamento especial.

O segundo aspecto é que os cristãos não apenas estão em um relacionamento especial com Cristo, mas também pertencem a Ele: "Dou a minha vida pelas ovelhas" (Jo 10:15b). "Minhas ovelhas", Ele diz em João 10, verdade constantemente repetida nesse capítulo. Nosso Senhor nos diz ainda mais ao falar: "Eu sou o bom pastor; conheço as minhas ovelhas" (Jo 10:14). Tais palavras não significam que Ele tem somente um conhecimento superficial e genérico de Suas ovelhas, mas que nutre por elas um interesse especial. Ele as conhece no sentido de que Se preocupa pessoalmente com elas. Na verdade, afirma que as conhece todas "pelo nome". Portanto, conhece-nos um a um. Por conseguinte, ser cristão significa estar em um relacionamento pessoal com o Senhor Jesus Cristo. Significa que, embora Ele esteja lá, sentado à direita de Deus em glória, olha para a terra e me conhece. Conhece a cada cristão, um por um, e pelo nome, e interessa-se pessoalmente por eles – e por mim. Essa é a própria essência desse ensinamento cristão.

Ser cristão não implica simplesmente ter determinados pontos de vista; nem basta mantê-los e tentar colocá-los em prática. Não, não! A excepcional coisa de ser cristão é entrar em um relacionamento com essa Pessoa conhecida como Jesus de Nazaré, que trabalhou como carpinteiro, que começou a pregar aos 30 anos e depois foi crucificado, morreu e foi sepultado, mas ressuscitou e subiu ao céu e enviou o Espírito Santo. E os cristãos sabem que Ele os conhece, que Se mantém de olho neles e diz a cada um: "Você me pertence. Você é uma das minhas ovelhas, minha posse pessoal".

Mas posso continuar e mostrar-lhes um terceiro aspecto desse relacionamento. Isaías diz: "Como pastor ele cuida de *seu rebanho*". Mas como se tornaram Seu rebanho? Que direito Ele tem de chamá-los de Suas ovelhas? Como tais pessoas são o rebanho particular e pertencem a Ele? A resposta, como nosso Senhor nos diz no décimo capítulo de João, está em Ele dar Sua vida pelas ovelhas (versículo 15). A declaração mais profunda da fé cristã é que os cristãos pertencem ao Senhor Jesus Cristo, e são Sua propriedade particular, porque Ele os comprou morrendo na cruz do Calvário pelos pecados que cometeram. Vocês encontrarão essa verdade declarada com frequência no Novo Testamento. Os cristãos da igreja de Corinto tornaram-se culpados de determinados pecados. Então, o apóstolo Paulo escreveu para lhes dizer que não tinham o direito de se comportar daquela maneira, apontando a seguinte razão: "Acaso não sabem [...] que vocês não são de si mesmos?". E continua: "Vocês foram comprados por alto preço" (1Co 6:19-20).

Então o apóstolo Pedro nos lembra: "vocês sabem que não foi por meio de coisas perecíveis como prata ou ouro que vocês foram redimidos [...] mas pelo precioso sangue de Cristo, como de um cordeiro sem mancha e sem defeito" (1Pe 1:18-19). E nosso Senhor disse isso tudo antes de Seus servos terem pensado em tais coisas. Ele disse, com efeito: "Eu sou o bom pastor. O bom pastor dá a sua vida pelas ovelhas" (Jo 10:11). E morreu por nós, por isso nos possui. O relacionamento assim se caracteriza: os cristãos são Suas ovelhas nesse sentido especial.

Então, os cristãos são pessoas que foram mudadas de uma posição para outra. Costumavam pertencer ao mundo, mas não pertencem mais. Em certo sentido, costumavam pertencer a si mesmos, mas não mais. Diz Paulo: "já não sou eu quem vive, mas Cristo vive em mim. A vida que agora vivo no corpo, vivo-a pela fé no filho de Deus, que me amou e se entregou por mim" (Gl 2:20). Não sou meu. Era meu. Governei minha própria vida e reivindiquei o direito a ela. Assim, digo com o poeta:

Sou o mestre de meu destino
Sou o capitão de minha alma.
(W. E. Henley)[15]

Digo: "Controlo minha própria vida e vou fazer o que quero. Não me importam as palavras de Deus. Não me importam as palavras de ninguém. O que quero é soberano". Mas um cristão não fala assim. Cristãos percebem que não têm mais direito algum sobre si mesmos e sequer querem tê-lo.

Cristãos agradecem a Deus por estarem nas mãos Dele em Cristo, por Cristo cuidar deles, por pertencerem a Ele, por serem Suas ovelhas em Seu rebanho. Assim, acabaram com o egocentrismo. Estão centrados em Cristo, que os amou até morrer por eles, derramando Seu sangue por suas almas. E por essa razão tal relacionamento se torna possível. Porque Ele tem nos amado e se entregado por nós, pertencemos a Ele.

Mas, antes de concluir as ideias sobre este relacionamento único com o Senhor próprio dos cristãos, preciso enfatizar que o que é verdadeiro do lado Dele também é verdadeiro do nosso lado. O que caracteriza o relacionamento por parte da ovelha? Nosso Senhor nos dá a resposta: Suas ovelhas ouvem a voz Dele e a conhecem. Elas "não reconhecem a voz de estranhos" (Jo 10:5b), mas reconhecem a voz do Senhor. E continua dizendo: A característica das minhas ovelhas é

---

15 William Ernest Henley (1849-1903), escritor britânico, era um homem entusiasmado e apaixonado, com opiniões veementes e emoções intensas. (N.T.)

reconhecerem minha voz, escutarem-na e me seguirem. Elas nunca seguirão um estranho, porque sabem aonde isso as levará. Já o fizeram antes. Entraram na miséria; tornaram-se ovelhas perdidas; infelizes, vagaram pelo deserto deste mundo. Mas não querem mais tal situação. Conhecem minha voz e vêm atrás de mim.

Pergunto-me se para nós todos está tudo simples e claro. O cristão é aquele que reconhece o Senhor Jesus Cristo e Sua voz. Para colocar a ideia de forma mais doutrinária, os cristãos são homens e mulheres que conheceram, acreditaram na verdade sobre essa Pessoa e aceitaram-na. Antes de tudo, eles sabem que Jesus de Nazaré era, de fato, o Filho Unigênito de Deus. Entenderam a verdade desta mensagem: "Aqui está o seu Deus!". Pensem nas muitas pessoas no mundo que ouviram falar de Jesus de Nazaré, mas afirmam ser Ele apenas um homem. Elas não O conhecem. O apóstolo Paulo nos conta que, quando Cristo esteve aqui na terra, mesmo os príncipes deste mundo não O entenderam. Caso O entendessem, Paulo diz, "não teriam crucificado o Senhor da glória" (1Co 2:8b). Os grandes homens do mundo O rejeitaram, e disseram: "Quem é esse homem, esse carpinteiro?". Embora fosse o Filho de Deus, eles não acreditavam porque não O conheciam. Mas, por definição, os cristãos são homens e mulheres que O conhecem e conhecem a verdade sobre Ele. Portanto, sabem que "Deus tanto amou o mundo que deu o seu Filho Unigênito" (Jo 3:16a).

No entanto, mais do que isso, os cristãos sabem que o Filho veio para fazer o trabalho que Ele cumpriu na cruz. Sabem que eles próprios são pecadores e que não podem livrar-se, por mais que tentem. Sabem que não obedeceram à lei de Deus, que têm mantido o ódio a Deus no coração, que estão sempre prontos para interpretar mal a Deus e ao que Ele fez e disse. Eram inimigos, rebelaram-se contra Deus, e sabem que não há pecado maior. Não avaliam o pecado tanto em ações quanto em atitudes em relação a Deus. Não vivem para glorificar a Deus. Não vivem a ideia de um Deus soberano. Sabem que são pecadores e que merecem o castigo. Então, quando Cristo lhes diz que "o Filho do homem veio buscar e salvar o que estava perdido" (Lc 19:10), em vez de se sentirem contrariados com Ele, sentem-se agradecidos.

Não houve nada que contrariasse tanto as pessoas como quando o Senhor Jesus Cristo disse que tinha vindo para buscá-las e salvá-las. Há um exemplo extraordinário dessa situação no oitavo capítulo do Evangelho de João. Nele é contado que as pessoas estavam ouvindo nosso Senhor uma tarde, enquanto Ele estava ensinando no templo, e devem ter gostado bastante da Sua fala, pois João conta: "Tendo dito essas coisas, muitos creram nele". Então Jesus olhou para os judeus que haviam crido e disse: "Se vocês permanecerem firmes na minha palavra, verdadeiramente serão meus discipulos. E conhecerão a verdade, e a verdade os libertará".

Eles recuaram horrorizados e, mantendo a dignidade, disseram: "Somos descendentes de Abraão e nunca fomos escravos de ninguém. Como você pode dizer que seremos livres?" (Jo 8:30-33). Na verdade, quiseram dizer: "Nós não queremos a liberdade que nos oferece. Nunca seremos escravos". Aquelas pessoas não perceberam que, enquanto falavam, eram escravas do pecado, escravas do diabo, escravas de si mesmas e escravas do mundo.

Ah, mas é assim. Reitero que os cristãos são indivíduos que se reconhecem como pecadores e, quando veem que Cristo veio ao mundo para redimi-los e salvá-los da ira de

Deus, dos justos desertos de suas más ações e da inimizade contra Deus, longe de se sentirem contrariados ou ofendidos pela cruz, longe de odiar tal ideia e vê-la como um entrave, conforme os judeus fizeram, eles dizem:

> *Quando entendo a dor da Tua cruz*
> *Onde o Rei glorioso morreu*
> *Tudo o que tenho eu ponho a perder*
> *Me esvazio, prostrado aos Teus pés*
> (Isaac Watts)

Para os cristãos, a cruz é gloriosa. Afinal, eles conhecem Cristo, reconhecem-No como o Filho de Deus, como o Salvador de suas almas, como Aquele que morreu para libertá-los. "Minhas ovelhas reconhecem minha voz" – elas a ouvem; elas a escutam. E O seguem. Esse aspecto determina o relacionamento do lado de tais pessoas.

Posso, portanto, colocar as coisas assim? Os cristãos são homens e mulheres que mantêm um relacionamento especial com Cristo; sim, e eles sabem disso! Não cultivam incertezas. Eles podem lhes contar por que são cristãos, como viraram cristãos e o que os tem feito cristãos. Não dizem: "Bem, eu me senti infeliz durante muito tempo. Tenho sempre procurado alguma coisa e acredito que, de alguma forma, Cristo pode fazer isso por mim". Isso não os torna cristãos, meus amigos. Não, não! Os cristãos dizem: "vivo-a pela fé no filho de Deus, que me amou e se entregou por mim" (Gl 2:20b). Então, antes de avançarmos, permitam-me perguntar-lhes: Vocês O conhecem? Conhecem o Senhor Jesus Cristo como seu Salvador pessoal e Redentor? Sabem que o Filho de Deus os tem amado e morreu por vocês na cruz? "E elas [as ovelhas] me conhecem", diz ele. Se vocês sentirem alguma incerteza, qualquer que seja, se dizem: "Espero ser salvo", estão mostrando que não são cristãos.

Cristãos são pessoas em um relacionamento especial com o Senhor Jesus Cristo. Portanto, em segundo lugar, eu chamaria a atenção de todos para a condição que Ele estabelece aos que Lhe pertencem: "Como pastor ele *cuida* se seu rebanho". A palavra "cuidar" é abrangente e inclui tudo: Ele fará por suas ovelhas tudo de que possam precisar. O que faz por elas? Como ressalta neste décimo capítulo do Evangelho de João, a primeira coisa é dar-lhes a vida. Ele afirma: "Eu sou a porta; quem entra por mim será salvo. Entrará e sairá, e encontrará pastagem. O ladrão vem apenas para furtar, matar e destruir; eu vim para que tenham vida, e a tenham plenamente" (Jo 10:9,10).

Ah, que sejamos capazes de colocar isso de forma simples e clara! A primeira coisa que o Senhor Jesus Cristo faz a vocês e por vocês é dar-lhes vida nova, Sua própria vida, uma vida mais abundante. Como isso é vital! Vocês precisam partir da percepção de que o Cristianismo vem como uma dádiva, e não uma exortação de que comecemos a fazer alguma coisa. Isso é impossível. Seria uma condenação. Não, Cristo tem vindo nos dar tudo o que a vida significa, promove e representa, e é pura dádiva. Nosso problema, por natureza, é pensar que devemos entender algo antes que nos beneficiemos. E quando lemos ou ouvimos Cristo dizer: "eu vim para que tenham vida, e a tenham plenamente", falamos: "Não entendemos o que Ele quer dizer com isso". O que significa a expressão "tenham vida"? "Como Ele pode nos dar vida?" Digo que Ele lhes dá uma vida que é nova, que é espiritual e milagrosa, a qual vocês não conseguem entender. Mas não se incomodem com a compreensão.

Tentar entender foi o erro de Nicodemos. Nosso Senhor falou-lhe: "Digo-lhe a verdade: Ninguém pode ver o Reino de Deus, se não nascer de novo" (Jo 3:3). E, no versículo 5, Ele repete: "Ninguém pode entrar no Reino de Deus, se não nascer da água e do Espírito".

E o grande Nicodemos perguntou-Lhe: "Como alguém pode nascer, sendo velho? É claro que não pode entrar pela segunda vez no ventre de sua mãe e renascer!". Na verdade, ele está dizendo: Você afirma que me dará vida. Como? Como posso ter vida na minha idade? Posso voltar e nascer de novo? Não compreendo.

Não tente, explica o nosso Senhor. Não estou pedindo-lhe que entenda; estou pedindo-lhe que aceite: "O vento sopra onde quer. Você o escuta, mas não pode dizer de onde vem nem para onde vai. Assim acontece com todos os nascidos do Espírito" (Jo 3:4,8). Vocês não compreendem mais isso do que conseguem compreender o vento. Vocês não o veem, mas veem seu efeito. Então é assim com todos que nasceram do Espírito. É a dádiva de Cristo. Acreditem Nele, que a receberão. Ele lhes dará um novo início, uma nova origem, uma nova natureza, uma nova vida. Ele lhes dará alguma coisa de Sua própria natureza divina. Não tentem compreender. Acreditem, aceitem, recebam-na. Essa é a mensagem Dele.

Nosso Senhor falou exatamente a mesma coisa para a mulher de Samaria. Apontando para o poço próximo a ambos, Ele disse:

> Quem beber desta água terá sede outra vez, mas quem beber da água que eu lhe der nunca mais terá sede. Pelo contrário, a água que eu lhe der se tornará nele uma fonte de água a jorrar para a vida eterna. (Jo 4:13,14)

É isso mesmo. Vocês não compreendem? Não, ninguém entende. Eu não consigo. Mas aqui está. Essa é a verdade; Ele dá vida. E diz: "eu vim para que tenham vida, e a tenham plenamente" (Jo 10:10b). Lembram-se da imagem da pobre ovelha perdida no deserto? Sem comida, importunada por cachorros, por lobos; a ovelha correndo, trotando por lá, esgotada no deserto da vida, cansada e morrendo. E a primeira coisa que nosso Senhor dá a tal alma é vida. Nova vida, vigor, força e poder.

Mas não apenas isso; Ele fornece comida e sustento; diz de sua ovelha que "Entrará e sairá, e encontrará pastagem" (Jo 10:9b). Vocês não podem desejar mais do que isso. Nosso Senhor nos dá toda a comida e todo o sustento de que precisamos, tudo o que é necessário para a manutenção da vida. O que Ele nos dá? Bem, aqui está a Palavra acompanhada de ensinamento e compreensão, para o tempo e para a eternidade. Vocês querem comida? Venham para a Bíblia, meus amigos, que lhes fala sobre Deus, sobre homens e mulheres e sobre a vida, a morte e a eternidade. Querem saber como viver? Aqui está. Querem entender a história contemporânea? Leiam a Bíblia e suas profecias, e vejam como estão sendo cumpridas, mesmo hoje. Comida, compreensão, habilidade e discernimento. Tudo isso está aqui, sem fim. Orientação e liderança, sabedoria, comunhão com os outros, alegria, felicidade e paz. Tudo é dado. Esse foi o testemunho do povo de Deus ao longo dos séculos e ainda continua hoje.

Este hino coloca tal ideia com perfeição:

Assim como sou, pobre, miserável, cego...

– Sim, o hino nos diz que estamos buscando.

Visão, riquezas, cura da mente,
Sim, tudo do que preciso em ti encontrar,
Ó Cordeiro de Deus, eu vou![16]
(Charlotte Elliott)

Outro hino assim apresenta a ideia:

Louva, ó minha alma, o rei dos céus
Teu tributo conduz a teus pés.[17]
(H. F. Lyte)[18]

"Eu vim para que tenham vida, e a tenham plenamente"; "Entrará e sairá, e encontrará pastagem" – e sempre haverá abundância. "Em verdes pastagens me faz repousar e me conduz a águas tranquilas; restaura-me o vigor [...] Preparas um banquete para mim" (Sl 23:2-3,5a). Pensem nessas imagens. Estão na Bíblia, e são verdadeiras. E constatadas por todos os cristãos.

Quando vocês vão ao encontro de Cristo e se tornam cristãos, não apenas estão conscientes dessa nova vida, mas também conscientes de um sentimento de satisfação. Digo isso para a glória de Deus e do meu Salvador. Não há nada que eu conheça, em que consiga pensar, que consiga imaginar, exceto que encontro isso, e mais do que encontro, tudo está Nele. Deus é suficiente. Mais do que suficiente. Ele é o Tudo e

---

16 Tradução livre da música *Just as I Am*, de Charlotte Elliott.

17 Tradução livre da música *Praise My Soul The King Of Heaven*, de Henry Francis Lyte.

18 Henry Francis Lyte (1793-1847) foi um poeta britânico que escreveu vários hinos que se tornaram tão famosos que foram traduzidos para várias outras línguas. (N.T.)

em todos. Basta totalmente. Não importa a mim se a principal necessidade de vocês seja intelectual, emocional ou filosófica. Independentemente do que for, se vierem com sinceridade até Cristo e viverem com Ele e por Ele, sendo por Ele conduzidos, asseguro-lhes que encontrarão a verdade absoluta na própria palavra Dele e que nunca mais sentirão sede. Não me importa o que lhes acontece, não me importam os problemas que possam surgir em sua vida, não me importam as desgraças que talvez os possam oprimir, pois sei disto: vocês serão capazes de dizer com o apóstolo Paulo: "aprendi a adaptar-me a toda e qualquer circunstância. Sei o que é passar necessidade e sei o que é ter fartura. [...] Tudo posso naquele que me fortalece" (Fp 4:11b-13).

E em seguida pensem em como Ele cuida de nós. Informam-nos na imagem em Isaías: "com o braço ajunta os cordeiros e os carrega no colo". Oh, como agradeço a Deus por isso! A imagem de um pastor ajudando os cordeiros recém-nascidos, e tão repleta de conforto! Vocês talvez sejam jovens iniciantes na fé cristã. Meus amigos, não se preocupem nem com sua fraqueza nem com seu desconhecimento. Ele é o Bom Pastor. Está ciente da condição dos jovens e, quando os vê vacilantes e preocupados, Se apodera deles e os leva no colo. Deus sabe tudo sobre o desconhecimento dos jovens. Sabe tudo sobre sua fraqueza. Os convertidos não precisam ter medo.

Tenho falado com vocês sobre a riqueza intelectual da Bíblia, e talvez comecem a ler a epístola de Paulo aos colossenses, mas então possivelmente digam: "Tudo isso fala do quê? Não entendo!". Vocês podem vir em um domingo e ouvir um sermão expondo uma das grandes epístolas e dizer: "Não entendo. Não acompanho as ideias". E talvez tendam a desistir desesperançados. Não! Ele sabe tudo sobre vocês. Deixem-se em Suas mãos. Ele os aguentará. Irá carregá-los, e chegará o dia em que julgarão saber muito mais do que pensavam. Deixem isso para Ele.

O fantástico Hudson Taylor,[19] fundador da China Inland Mission, costumava dizer que o caminho certo para traduzir o texto "Tenham fé em Deus" (Mc 11:22) é este: "Confiem na fidelidade de Deus". Essa tradução não enfatiza a fé de vocês e diz que precisam se agarrar desesperadamente em Deus. Hudson Taylor relata: Não, ajam de outra maneira. É como uma criancinha que correu o dia todo e chega cansada em casa à noite, tão cansada que não sabe o que quer, se quer comer ou não, e está quase cansada demais para dormir; e lá está ela, sem saber o que fazer, até enfim cair nos braços do pai ou da mãe, simplesmente esquecendo tudo e adormecendo. Por quê? Por ter fé na fidelidade do pai e da mãe. A criança se abandona, sabendo que a amam. Para de pensar e apenas se deixa ir, segura nos braços deles. É isso mesmo. Agarrem-se à fidelidade de Deus. Acreditem, quando não compreenderem que Ele conhece tudo sobre vocês, que está empenhado em cuidar de vocês. É promessa Dele.

Na verdade, temos o testemunho do Novo Testamento para a verdade do amor fiel de Deus por aqueles que são pequenos e fracos. O apóstolo Paulo escreve aos coríntios:

---

19 James Hudson Taylor (1832-1905) foi um missionário Cristão Protestante Inglês na China, e fundador do China Inland Mission (CIM) (agora OMF International), responsável pelo envio de mais de oitocentos missionários ao país, os quais começaram 125 escolas e diretamente levaram à conversão cristã 18 mil pessoas, também estabelecendo mais de trezentas estações de trabalho com mais de quinhentos colaboradores locais em todas as dezoito províncias, em um grande trabalho de evangelização. (N.T.)

"Irmãos, pensem no que vocês eram quando foram chamados. Poucos eram sábios segundo os padrões humanos; poucos eram poderosos; poucos eram de nobre nascimento. Mas Deus escolheu as coisas loucas do mundo" (1Co 1:26-27a). Os primeiros cristãos eram escravos. Nem poderosos nem grandes, mas escravos, pessoas normais, ignorantes, analfabetas e comuns. E, no entanto, estavam no Reino e começaram a desfrutar as bênçãos. Não tinham aprendizado, não conheciam filosofia; não se fazia necessário. Ele tem tudo. E confiaram Nele. Deus lhes deu a dádiva de Seu Espírito Santo, e aquelas pessoas começaram a compreender tudo o que nos é dado gratuitamente por Deus. Os jovens não precisam ser desencorajados. Confiem Nele, que prometeu cuidar de vocês. Morreu por vocês, e, assim, Ele está determinado a mantê-los na vida.

E então há a docilidade do Pastor em relação àqueles que são fracos e àqueles que estão sobrecarregados: "conduz com cuidado as ovelhas que amamentas suas crias". A ideia é apresentada desta maneira em Isaías 42: "Não quebrará o caniço rachado, e não apagará o pavio fumegante" (Is 42:3). Ele sabe que aqueles que ainda são jovens, ou acabaram de conceber seus jovens não podem caminhar muito rápido. Ele sabe tudo isso e irá conduzi-los com muita delicadeza. Será que o mundo já conheceu alguém tão gentil como este Filho de Deus? Ele foi chamado de amigo dos publicanos e dos pecadores. As pessoas corretas, éticas e completamente religiosas O odiaram por isso; disseram: "'Aí está um comilão e beberrão, amigo de publicanos e 'pecadores'" (Mt 11:19). Sim, quando cuspiram no publicano, nosso Senhor sentou-se ao lado dele. Afinal, viera para salvar. E quando trouxeram até Ele uma mulher surpreendida no ato de adultério, condenando-a, Jesus não a condenou, mas perdoou-lhe, mandando que partisse e abandonasse a vida de pecado (Jo 8:1-11). Esta é a característica desse Salvador abençoado: a compaixão. Ele nunca deixou passar um caso de sofrimento; sempre viu a verdadeira necessidade e não havia nenhum pecador tão desesperado por Ele para se levantar. Jesus, que veio para esse propósito, disse: "Não são os que têm saúde que precisam de médico, mas sim os doentes. Eu não vim chamar justos, mas pecadores ao arrependimento" (Lc 5:31-32).

Posso dirigir-me a alguém neste momento que é como um caniço rachado ou um pavio fumegante. O mundo pode ter pisado em vocês, desrespeitado e ferido; talvez estejam destroçados e mal conseguindo respirar. Pode haver apenas aquela mínima centelha que produz tão somente fumaça. Ele não irá desprezá-los. Sabe tudo sobre vocês. "Alguém já foi um pastor mais amável e tão gentil como este?" Não, nunca. Meus queridos amigos, o mundo pode considerá-los marginais, mas Cristo os ama e deu Sua vida por vocês. Oh, a gentileza, o amor, a simpatia, a ternura e a compreensão! Embora possam ser considerados marginais e condenados como um caso perdido até mesmo pelo seu ente mais próximo e querido, bem como pelo mundo, digo-lhes que Ele sabe tudo sobre vocês e nunca os magoará; pelo contrário, irá tratá-los do modo mais gentil possível, de acordo com a própria condição em que estiverem.

E, finalmente, Ele nos protege, nos dá segurança, como nos conta em João 10, em palavras notáveis e gloriosas: "elas jamais perecerão; ninguém as poderá arrancar da minha mão" (Jo 10:28). Agradeçam isso a Deus. Ele nos guardará; Ele nos protegerá; Ele nos guiará; Ele nunca nos esquecerá nem nos abandonará; Ele atenderá a todas as nossas necessidades e jamais nos faltará, na vida ou na morte. Não importa o que aconteça, Deus sempre estará conosco. Aqui está a palavra: "Se quando éramos inimigos de Deus fomos reconciliados com ele mediante a morte de seu Filho, quanto mais agora, tendo sido reconciliados, seremos salvos por sua vida!" (Rm 5:10).

> Aquele que não poupou seu próprio Filho, mas o entregou por todos nós, como não nos dará juntamente com ele, e de graça, todas as coisas?" [...] "Pois estou convencido de que nem morte nem vida, nem anjos nem demônios, nem o presente nem o futuro, nem quaisquer poderes, nem altura nem profundidade, nem qualquer outra coisa na criação será capaz de nos separar do amor de Deus que está em Cristo Jesus, nosso Senhor. (Rm 8:32,38,39)

Ele estará com vocês na morte. Estará com vocês para sempre na eternidade.

Esta é a mensagem: "Como pastor ele cuida de seu rebanho, com o braço ajunta os cordeiros e os carrega no colo; conduz com cuidado as ovelhas que amamentam suas crias". Talvez vocês sintam que não entendem nada, que não conhecem nada. Meus queridos amigos, não importa. Isso tudo está Nele. Ele lhes dará vida; Ele lhes dará comida; Ele lhes dará força; Ele lhes dará toda a proteção de que precisam. Tudo o que desejarem, Ele lhes dá tudo e continuará dando até que finalmente os apresente perfeitos e irrepreensíveis na presença de Deus na eternidade.

Vocês conhecem a voz Dele? Ouviram-No? Reconhecem quem Ele é? Pertencem a Ele? São uma das Suas ovelhas? "As minhas ovelhas ouvem a minha voz", diz Ele. Vocês O ouviram? Estão seguindo-O? Porque, se ouvirem a voz Dele, estarão seguindo-O. Agora, este é o teste. Se acreditam de fato em tudo o que estou falando, só existe uma coisa para vocês. Inevitável, não é? Vocês perderam o gosto pelo mundo e por tudo o que lhe pertence. Perceberam que andam autodestruindo-se. E odeiam isso. E o Pastor diz: "Muito bem, virem as costas para o mundo". Então vocês O olham. Entregam-se a Ele. Dizem: "Proteja-me. Guarde-me". E O seguem, vão para onde Ele quer, em Seus pastos gloriosos.

6 "AQUI ESTÁ O SEU DEUS!"

QUEM MEDIU as águas na concha da mão, ou com o palmo definiu os limites dos céus? Quem jamais calculou o peso da terra, ou pesou os montes na balança e as colinas nos seus pratos? Quem definiu limites para o Espírito do Senhor, ou o instruiu como seu conselheiro? A quem o Senhor consultou que pudesse esclarecê-lo, e que lhe ensinasse a julgar com justiça? Quem lhe ensinou o conhecimento ou lhe aponta o caminho da sabedoria? Na verdade as nações são como a gota que sobra do balde; para ele são como o pó que resta na balança; para ele as ilhas não passam de um grão de areia. Nem as florestas do Líbano seriam suficientes para o fogo do altar, nem os animais de lá bastariam para o holocausto. Diante dele todas as nações são como nada; para ele são sem valor e menos que nada. (Is 40:12-17)

Neste parágrafo, chegamos a uma nova parte deste capítulo importante e poderoso. Quando consideramos o ensinamento dos versículos de 1 a 11, vimos que o grande tema da Bíblia, em particular do Novo Testamento, é apresentado sob a forma de uma profecia. Deus deu a Seu servo, o profeta Isaías, essa visão, essa revelação, esse entendimento. Transmitiu-lhe a mensagem não só para consolar as pessoas que seriam levadas embora da Babilônia e do cativeiro e para assegurar-lhes que voltariam, mas, mais do que isso, muito mais, também porque a linguagem é extraordinariamente notável para parar nesse ponto. A mensagem de Deus a Isaías se refere ao fato de que uma imensa e poderosa libertação e a salvação entrariam neste mundo.

Então, nos primeiros onze versículos deste capítulo, temos um relato e uma descrição perfeitos do Evangelho no Novo Testamento. Nele se faz presente uma excelente mensagem de consolo, uma mensagem de salvação, um anúncio de que nossos pecados podem ser perdoados, que podemos ter um novo começo e uma nova vida, que o Deus que tem dado a nós "o dobro de todos os nossos pecados" derramou Suas bênçãos sobre nós em Cristo. Assim, esses versículos nos contam como o próprio Cristo, o Filho de Deus, virá. "A glória do Senhor será revelada [...] aqui está o seu Deus!" Essa é a mensagem: a vinda inusitada e incomum. E ela precisa de um novo caminho. Todos os vales serão levantados, todos os montes e colinas serão aplanados. Um novo caminho deve ser encontrado.

E então, vocês se lembram, é dito ao profeta que anuncie as boas-novas sem medo, e que para isso erga a voz. E ele pode fazê-lo em razão do caráter transcendental da mensagem. São lhe dadas garantias de que nada pode detê-la porque é a Palavra de Deus, que permanece para sempre. Não é a palavra de um ser humano. A palavra do homem é como ele, relva que floresce e murcha, mas esta é a Palavra do Senhor, a Palavra de nosso Deus. E, oito séculos depois, tudo se cumpriu em detalhes no nascimento e na vida, na morte e na ressurreição do nosso abençoado Senhor e Salvador, Jesus Cristo.

Agora, essa é a mensagem que temos considerado. Mas no versículo 12 se introduz um elemento novo. O profeta fez a grande declaração do Evangelho e, daqui até o final do capítulo, ele tenta nos ajudar quando ficamos diante de tal proclamação. Em função de as pessoas sempre acharem extremamente difícil acreditar e aceitar a Palavra de Deus – leiam o Antigo Testamento e encontrarão essa falha em todos os lugares –, Ele envia uma mensagem para homens e mulheres por meio de Seus servos, mas as pessoas, e nações inteiras, vacilam frente a ela. Mesmo um homem como Abraão, chamado "amigo de Deus" (Tg 2:23b), estava quase vacilando diante da mensagem de Deus a respeito da criança que nasceria fruto dele, e sua esposa sentiu-se tão desconcertada que até riu de tais palavras. As pessoas pediram sinais. "Isso é possível?", perguntaram. E quando o próprio Senhor entrou no mundo, Ele foi saudado com a mesma descrença. Quando foi feito o anúncio a Zacarias, o pai de João, o Batista, o precursor, ele não conseguiu acreditar nisso. Até mesmo a própria Maria, a mãe de nosso Senhor, não pôde acreditar. As notícias eram maravilhosas demais. Todos fizeram a mesma pergunta: "Como essas coisas podem acontecer?".

Agora essa questão parece antecipada aqui, e é dada uma resposta a ela antes mesmo que seja formulada. Esta é uma das grandes glórias da mensagem cristã e da Bíblia: Deus não só nos dá Sua mensagem, também nos ajuda a acreditar. Ele lida com nossas dúvidas, nossas dificuldades e nossas perplexidades. Antecipa, responde a nossas perguntas e resolve nossos problemas. Não há objeção ou dificuldade concebível para que acreditem na fé cristã, mas vocês irão encontrar isso sendo tratado de uma maneira ou de outra na própria Bíblia. Deus nos conhece e Se humilhou por nossa fraqueza.

Agora, nos primeiros onze versículos, são pontuadas algumas de nossas dificuldades, ainda que não sejam de fato analisadas. É a partir do 12º versículo até o final do capítulo que elas serão examinadas e enfrentadas. Aqui, Isaías diz: Quais são suas dificuldades? Por que vocês vacilam na descrença deste anúncio? Qual a dificuldade em acreditarem nesta notável mensagem? E ele aborda os problemas um a um.

Estou chamando atenção para esta passagem porque as dificuldades continuam as mesmas ainda hoje. Não me canso de ressaltar como é surpreendente que com tal mensagem, tal Evangelho, que nos oferece tudo o que pedimos, o mundo inteiro não seja cristão. Todos somos pela felicidade e pela paz. Todos buscamos alegria e segurança e queremos banir a guerra. Não é o que procuramos? No entanto, essas coisas nos são oferecidas no Evangelho, e, se todos neste mundo fossem cristãos, nossos principais problemas seriam resolvidos de uma vez só e poderíamos aproveitar as coisas que dizemos desejar. Está tudo aqui. Tudo nos é oferecido gratuitamente. No entanto, os cristãos são minoria neste mundo. Multidões não terão acesso a isso. Por que não? Bem, esse ainda é o velho problema, a velha questão, as dificuldades abordadas aqui pelo profeta Isaías.

Quais são elas? Bem, a primeira e fundamental, sem sombra de dúvida, é que o próprio caráter da proclamação e seu conteúdo tornam a mensagem praticamente inimaginável. Este é o problema. Ela parece boa demais para ser verdadeira. É o que o homem comum diz: "Sou um homem de negócios pragmático, um homem que se preocupa com detalhes. Não posso aceitar coisas assim. São maravilhosas demais. Pertence ao reino da fantasia e do folclore essa ideia de conto de fada de um Deus que desce para este mundo. Não, não, a vida não é assim. O mundo não é assim". Então ele sofre na incredulidade. É esse o tema considerado aqui, um tema muitas vezes abordado pela Bíblia, tanto no Antigo Testamento quanto no Novo. A Bíblia nos informa antecipadamente que sua mensagem é inimaginável para a pessoa normal.

Mas, felizmente para nós, a Bíblia não para apenas em tal afirmação, mas continua analisando as causas dessa falta de crença e explicando-nos por que o Evangelho parece à primeira vista tão inimaginável. E nos relata que a primeira causa de nossa falha em acreditar na mensagem bíblica, a mensagem do Evangelho cristão, é que não valorizamos a verdade em relação à natureza e ao caráter de Deus. Essa falha, em última instância, vale para todos os nossos outros problemas. Vamos persistir em pensar em Deus como um de nós mesmos, como um homem, e olhar para Suas ações como se fossem as de um ser humano. Sempre partimos de nós mesmos, com nossas ações, nossos julgamentos e nossas avaliações, e nosso erro mais fatal é que, mesmo quando ficamos frente a frente com Deus, carregamos conosco todas essas mensurações. Então, como Ele não se enquadra em nossas categorias, dizemos que não conseguimos acreditar e rejeitamos a mensagem do Evangelho.

Eu poderia demonstrar-lhes isso muito facilmente. Há inúmeras doutrinas diferentes ligadas à fé cristã, e homens e mulheres tropeçam em quase todas elas. Considerem, por exemplo, a doutrina do homem. A Bíblia tem uma doutrina muito definida sobre o homem. Diz que ele foi criado à imagem de Deus, e que o primeiro homem e mulher perderam essa imagem por caírem em pecado. E afirma que todos os nossos problemas resultam dessa queda. Mas as pessoas não gostam disso. Não gostam de pensar na raça humana como uma criação especial de Deus. Não gostam sequer de aceitar a grande honra depositada sobre eles e o privilégio que lhes é dado. Preferem pensar em si mesmos como seres que evoluíram dolorosamente de alguma lama primitiva.

Do mesmo modo, não gostam da doutrina do pecado. Dizem não conseguir aceitar esse ensinamento bíblico que nos conta que a razão do pecado é o orgulho humano, a arrogância, o desejo de ser igual a Deus, o que nos levou à rebelião contra Ele. O mundo moderno diz: "Aquele ensinamento antigo sobre o pecado é odioso", e isso explica o pecado em termos psicológicos, referindo-se a ele como "uma fraqueza", "falta de desenvolvimento", e assim por diante.

Mas há outra doutrina de que o mundo moderno não gosta, a qual ensina a necessidade de arrependimento e de reconhecimento dessa necessidade, e a considera um insulto. As pessoas não apreciam ser informadas de que devem confessar seus pecados e reconhecer suas transgressões. Ressentem-se de hinos como o de Charles Wesley,[20] que diz: "Vil e cheio de pecado eu sou", "eu sou todo iniquidade". "Isso não é verdade", dizem. E não apreciam o ensinamento da Igreja sobre a pessoa do Senhor Jesus Cristo. Não conseguem acreditar que o Filho eterno se tornou um ser humano. Dizem: "Jesus era apenas um homem. Ele não era Deus". Também não apreciam o que é ensinado sobre Sua morte, e a doutrina da salvação, o caráter da salvação como um novo e milagroso nascimento.

Essas são as grandes doutrinas, e homens e mulheres tropeçam em cada uma delas. Por quê? Sugiro que a dificuldade com respeito a cada uma dessas doutrinas se deve

---

20 Charles Wesley (1707-1788) foi o líder do movimento metodista juntamente com seu irmão mais velho, John Wesley. Charles é mais lembrado pelos muitos hinos que compôs. (N.T.)

simplesmente ao fato de que as pessoas começaram com um equívoco radical sobre o próprio Deus. Se fossem justas em suas ideias sobre Deus, então considerariam inevitáveis todas essas doutrinas e as dificuldades desapareceriam.

    Se vocês e eu soubéssemos a verdade sobre Deus, não demoraríamos muito em acreditar na doutrina bíblica sobre o homem. Se tivéssemos apenas uma leve concepção de Deus, não haveria necessidade de discutir o pecado. Se víssemos a nós mesmos como somos vistos por Deus, voaríamos para o arrependimento. E se entendêssemos alguma coisa sobre a natureza e o ser de Deus, e ficássemos diante Dele, longe de hesitar quanto à encarnação, agradeceríamos a Deus por ela como o único caminho para a salvação. O mesmo se aplica à morte de Cristo e à notável salvação provocada por ela. Afirmo mais uma vez que todas as nossas dificuldades e todos os nossos problemas decorrem dessa questão fundamental e inicial de que estamos todos errados em nossas ideias com respeito a Deus.

    Então, a Bíblia, sabendo disso, quando aborda nossas dificuldades, sempre começa com a doutrina de Deus, como Isaías faz aqui. Ele apresentou seu grande Evangelho. Agora passa para as dificuldades. Mas ouçam o que ele diz: "Quem mediu as águas na concha da mão, ou com o palmo definiu os limites dos céus?". Do que o profeta está falando? De Deus. O primeiro tema da pregação do Evangelho de Jesus Cristo é falar sobre Deus. Não devemos começar com nós mesmos, não devemos começar com a salvação, ou com qualquer outra coisa. Se o fizermos, certamente iremos nos perder. Nunca devemos nos esquecer de que a primeira frase do primeiro livro da Bíblia é sobre Deus: "No princípio Deus...". Antes de começar a partir de seus problemas, vocês devem ser claros sobre quem vocês são, o que são e de onde vieram. Precisam saber a resposta às perguntas: O que é a vida? O que é o mundo? O que é o homem? Então, serão obrigados a voltar ao início. Não há outra maneira de resolver nossos problemas. Não há nada tão terrível, e tão trágico em seus resultados, como subestimar a Deus, mas garanto-lhes que é isso que todos tendemos a fazer.

Permitam-me fazer uma pergunta pura e simples àqueles que têm escutado muitos sermões: Com que frequência têm ouvido sermões sobre Deus? Estamos todos interessados no que desejamos e naquilo de que precisamos. Começamos com nós mesmos, somos introspectivos e egocêntricos. Nossos pensamentos giram em torno de nós. Pensamos que somos o centro do universo. Mas não somos, meus amigos. Então, aqui, nos versículos de 12 a 17, Isaías nos põe frente a frente com Deus, e neste único parágrafo nos lembra de três aspectos notáveis de Seu ser e de Seu caráter.

Quase hesito em falar sobre tais assuntos e, no entanto, é meu trabalho fazê-lo. O que é a Bíblia? Antes de mais nada, uma revelação de Deus, que deu Sua Palavra para que os seres humanos pudessem conhecê-Lo. "Visto que, na sabedoria de Deus, o mundo não o conheceu por meio da sabedoria humana" (1Co 1:21). Homens e mulheres deveriam tê-Lo visto nas flores, nos animais, em toda a criação. Deveriam, mas falharam, e por isso Deus lhes deu Sua Palavra. O primeiro objetivo da Bíblia, portanto, é oferecer-nos um conhecimento de Deus para que consigamos nos ver como somos, enxerguemos nossas necessidades e vejamos o que Deus fez por nós.

O profeta começa enfatizando *a grandeza, a força e o poder de Deus*: esse é o primeiro aspecto de Deus para o qual ele chama nossa atenção. Ouçam-no nos versículos 12, 15 e 17. "Quem mediu as águas na concha da mão, ou com o palmo definiu os limites dos céus? Quem jamais calculou o peso da terra, ou pesou os montes na balança e as colinas nos seus pratos?" (versículo 12). Vocês se interessam por poesia? Bem, aí está ela no que incorpora de mais sublime. Mas não é só poesia; essa descrição é verdadeira.

Em seguida, ouçam o 15º versículo: "as nações são como a gota que sobra do balde"; percebem o sarcasmo, não é? Todos acreditamos na grandeza das nações. Nossos jornais gritam isso para nós todos os dias. O grande poder do mundo! Atualmente, existe o poder que reside em controlar a bomba atômica. Se quiserem poder, vejam as nações. Mas ouçam: "Na verdade as nações são como a gota que sobra do balde; para ele são como o pó que resta na balança; para ele as ilhas não passam de um grão de areia". E então no versículo 17: "Diante dele todas as nações são como nada; para ele são sem valor e menos que nada".

Agora, tudo isso significa que aqui nos encontramos frente a frente com alguma coisa que a Bíblia sempre coloca na vanguarda de seu ensinamento: a eternidade, o poder e a grandeza de Deus. Antes de começarem a falar sobre Deus, o Salvador, vocês precisam começar com Deus, o Criador. Nunca desprezem o Antigo Testamento, meus amigos; comecem com ele. De certa maneira, nunca compreenderão o Novo sem o Velho. Eis então: "No princípio Deus criou os céus e a terra" (Gn 1:1). Deus é o Criador e Sustentáculo de tudo o que existe. Estamos todos em Suas mãos. "Pois nele vivemos, nos movemos e existimos" (At 17:28).

Então, quando vocês se ajoelham para orar, e quando pensam em seus problemas e na dificuldade de entender a história atual, e quando estão a ponto de duvidar de Deus, perguntando: "Por que Deus permite isso e não aquilo?", no meio de tudo, parem por um momento e lembrem-se de que irão expressar uma opinião sobre o Eterno, Onipotente, o Ser perpétuo que disse: "Haja luz", e houve luz (Gn 1:3). Vocês estão falando Daquele que criou e deu forma a tudo o que existe, Daquele que fez os céus com toda a sua extensão, que mediu as águas na concha da mão, na verdade Daquele que poderia calcular o peso da terra, ou pesar os montes na balança e as colinas nos seus pratos.

Vocês não começam a concordar com o que estou dizendo? Não é esse o nosso problema? De que forma tão clara, fluente e livre todos nós falamos sobre Deus, expressamos nossas opiniões a respeito Dele e perguntamos por que não responde às nossas preces. Estou mesmo convencido de que, se tivéssemos apenas uma leve concepção da grandeza e da magnificência de Deus, como Jó antigamente, diríamos: "Ponho a mão sobre a minha boca" (Jó 40:4b). Nosso problema é não percebermos que "Terrível coisa é cair nas mãos do Deus vivo!" (Hb 10:31). Falamos porque não vemos que, diante Dele, todas as nações são como nada. Todas as grandes nações, com seu poder, seus tanques, seus exércitos, suas bombas atômicas e de hidrogênio e todos os seus grandes estratagemas, o que são elas? É assim com Deus: vocês esvaziaram o pó que está em frente a sua balança para que fique limpa, para obter medição precisa, mas restou uma pequena mancha; ou vocês derramaram a água do balde e pensaram ter derramado toda ela, mas restou uma pequena gota. Assim são as nações para Deus: uma gota em um balde, um grão de poeira.

Olhem para a natureza; olhem para a criação. Considerem como Deus fala com vocês das montanhas, das colinas, dos vales, dos mares. Vejam as chamadas "leis da natureza", de onde vieram? Deus as definiu. Todas são a impressão digital Dele, são obras de Deus. Olhem para a flor mais simples. Olhem para um animal. "Os céus declaram a glória de Deus; o firmamento proclama a obra das suas mãos" (Sl 19:1). Vocês não percebem que, se começássemos com a grandeza de Deus, todo nosso pensamento seria imediatamente revolucionado? Acontece que assumimos o hábito de pensar em Deus como um tipo de termo para ser discutido, algum conceito, alguma ideia filosófica com a qual brincamos enquanto debatemos esses assuntos, e isso porque não tiramos os calçados de nossos pés[21] e percebemos que o Deus criador do mundo poderia soprar sobre nós e nos fazer desaparecer em um instante, enquanto falamos e tropeçamos em Sua gloriosa salvação. Precisamos voltar e perceber a verdade sobre grandeza e o poder de Deus tal como está esboçado nesse livro de Isaías.

Mas permitam-me chegar ao segundo aspecto de Deus a que o profeta se refere aqui: *Sua glória transcendental*. Escutem o versículo 16: "Nem as florestas do Líbano seriam suficientes para o fogo do altar, nem os animais de lá bastariam para o holocausto". Sobre o que Isaías está falando? Bem, o Líbano era uma imensa montanha, particularmente famoso pelas maravilhosas árvores que cresciam nas florestas. Os grandes cedros do Líbano se elevavam, por assim dizer, para os céus. Portanto, Isaías está dizendo que, se fossem cortados todos os cedros do Líbano, todas aquelas árvores poderosas, e transformados em lenha empilhada para se colocar fogo nelas e oferecê-las em sacrifício, ou se fossem considerados todos os animais que vivem no Líbano, tudo junto não bastaria

---

21 Referência a uma frase bíblica, em que Deus diz a Moisés para tirar as sandálias: "Então disse Deus: 'Não se aproxime. Tire as sandálias dos pés, pois o lugar em que você está é terra santa'" (Êx 3:5).

para se apresentar a Deus como oferenda de holocausto. E essa é apenas a maneira de ele dizer, em imagem poética, que a glória de Deus é tão maravilhosa e tão transcendental que todos os nossos mais elevados pensamentos e categorias nunca são adequados e suficientes para expressá-la.

Tenho falado sobre a grandeza de Deus, mas, acima tudo, percebo nas Escrituras que o atributo e a característica mais essencial e particular de Deus são a Sua *glória*. Mas ela não pode ser traduzida em palavras. Dizem-nos que Ele "habita em luz inacessível, a quem ninguém viu nem pode ver. A ele sejam honra e poder para sempre. Amém" (1Tm 6:16). Vocês e eu estamos cantando hinos sobre Deus esta noite, e eu os guiei na oração a Deus. Vocês percebem que essa é a Pessoa com a qual estamos falando, que é Aquele em cuja presença estamos neste momento, Aquele que habita na luz inacessível devido a sua glória transcendental?

Ouçam estes textos bíblicos: "Bendito seja o Deus e Pai de nosso Senhor Jesus Cristo" (Ef 1:3a). Qual é essa doutrina? "Essa sã doutrina se vê no glorioso Evangelho que me foi confiado, o Evangelho do Deus bendito" (1Tm 1:11). Qual é a função, o propósito, do Evangelho? É revelar a "iluminação do conhecimento da glória de Deus na face de Cristo" (2Co 4:6b). O que é Jesus Cristo? O autor da epístola aos hebreus nos diz que "O Filho é o resplendor da glória de Deus e a expressão exata do seu ser" (Hb 1:3a). O apóstolo João relata: "Aquele que é a Palavra tornou-se carne e viveu entre nós. Vimos a sua glória, glória como do Unigênito vindo do Pai, cheio de graça e de verdade" (Jo 1:14).

Oh, sei que estou buscando o impossível quando tento descrever a glória de Deus. Ela não pode ser descrita. "Ninguém jamais viu a Deus" (1Jo 4:12a). Ninguém poderia vê-Lo e permanecer vivo. Por quê? Bem, por causa da glória! Deus é um fogo ardente. E tenho o Evangelho diante de vocês em razão da glória de Deus, de Sua santidade, Sua pureza, Sua infalibilidade. Homens e mulheres perguntam: "Por que você precisa pregar sobre a morte de Cristo na cruz? Por que tem de continuar pregando a doutrina do pecado? Por que tem de dizer que é preciso haver essa oferenda de sangue? Por que diz que Cristo teve de morrer?". Eles dizem: "Não entendemos isso. Queremos ser abençoados por Deus, mas não conseguimos aceitar tudo isso".

Mas o problema todo é que não sabem nada sobre a glória de Deus. Ela é tão grande que pode ser assim resumida: poder-se-iam reduzir todas as florestas do mundo, matar todos os animais e oferecer tudo a Deus, e isso não bastaria para permitir que se aproximassem dele. O problema do pecado é na verdade o problema da existência de Deus. Não pensem no pecado primordialmente em termos de vocês ou do que fazem ou deixam de fazer. Se querem entendê-lo, comecem com Deus.

Agora, nosso problema é começarmos com os *pecados*, não é mesmo? Dizemos, por exemplo, que o alcoolismo, claro, é pecado, como também o adultério e o roubo. Consequentemente, por não sermos culpados por esses pecados e nunca termos sido, alguns de nós dizem que na verdade não sabemos o que isso significa e não compreendemos por que precisamos nos arrepender. Reclamamos que, em razão de termos sido criados em um ambiente religioso e sempre frequentado um lugar de culto, não podemos dizer realmente que somos pecadores ou que entendemos as palavras de Charles Wesley quando escreveu: "Vil e cheio de pecado eu sou". Muita gente na verdade me disse: "Seria desonesto e hipócrita comigo mesmo se dissesse que me sinto pecador. Não sou ladrão ou bêbado ou adúltero". Mas há apenas um motivo para as pessoas falarem assim, e, tragicamente, é a ignorância delas da glória de Deus. Quando o profeta Isaías teve mesmo uma visão de Deus, disse:

> Ai de mim! Estou perdido! Pois sou um homem de lábios impuros e vivo no meio de um povo de lábios impuros; e os meus olhos viram o Rei, o Senhor dos Exércitos! (Is 6:5)

Todos os outros que tiveram visões de Deus pronunciaram coisas semelhantes; todos se lançaram ao chão.

Oh, se tivéssemos alguma noção da glória e da santidade de Deus, perceberíamos que aí está a explicação da questão e do problema do pecado. Atrevo-me a colocar desta maneira: Deus está limitado por Sua própria santidade? É ir longe demais? Não. Na verdade, Tiago disse: "... pois Deus não pode ser tentado pelo mal, e a ninguém tenta" (Tg 1:13b). Essa é a única coisa que Deus não pode fazer. A santidade Dele torna isso impossível; Deus é santo, direito e justo em toda a Sua glória permanente e eterna e, como tal, Ele deve lidar com a problema do pecado. Não pode fingir que não o viu. Não pode "tolerar" isso. Não pode dizer que não existe. Não pode dizer: "Não tomarei conhecimento dele". Por Sua glória, Sua santidade, Sua retidão e Sua justiça, Deus deve eterna e constantemente, sempre, ser coerente Consigo. Ele é o "Pai das luzes, que não muda como sombras inconstantes" (Tg 1:17b). Em sua profecia, Isaias afirma que apenas uma oferenda é adequada, e é aquela que o próprio Deus ofereceu: Seu puro, santo e glorioso Filho, a imagem expressa de Sua pessoa. O Filho ofereceu a Si mesmo, e Deus disse que era o suficiente.

Então, se vocês estiverem com problemas em relação à Ceia do Senhor, que nos lembra da morte de Cristo e nos leva ao seu significado e seu mistério, e disserem: "Não gosto dessa ideia de sangue", então não comecem no nível filosófico, não comecem com vocês mesmos, mas peguem o caminho de volta. Dirijam-se ao verdadeiro, a Deus, considerem os profetas do Antigo Testamento que quase morreram na presença de Sua glória e lembrem-se de como Seu Filho Unigênito, enquanto esteve aqui neste mundo, dirigiu-se a ele como "Pai santo". Lembrem-se de que o Filho disse que revelou a glória de Deus e O glorificou entre os homens. Ele revelou isso a respeito de Deus, e é essa precisamente toda a função e o propósito do Evangelho.

Então, duas excepcionais características de Deus são o seu poder e sua glória transcendental. E, em terceiro lugar, e apenas menciono isto agora, como resultado dessas duas há a *inescrutabilidade dos caminhos de Deus*:

> "Pois os meus pensamentos não são os pensamentos de vocês, nem os seus caminhos são os meus caminhos", declara o Senhor. "Assim como os céus são mais altos do que a terra, também os meus caminhos são mais altos do que os seus caminhos e os meus pensamentos mais altos do que os seus pensamentos." (Is 55:8-9)

Mais uma vez, como não entendemos isso temos problemas com o Evangelho e tropeçamos em suas doutrinas. Dizemos: "Não entendemos. Não conseguimos compreendê-lo". Mas essa simples declaração mostra que toda a nossa atitude está errada. Ao chegarmos a este Evangelho, devemos começar com o pressuposto de que ele é inteiramente de Deus. É o plano de Deus. É o caminho de Deus e o que Deus faz. É a mensagem de Deus. Então vocês devem estar preparados para surpresas. Esperem o milagroso. Esperem o inexplicável. Esperem pela instrução do eternamente divino. Esperem coisas que os assombrem e surpreendam. Sim, digam como Maria: "Como acontecerá isso?". E a resposta virá: "pois nada é impossível para Deus" (Lc 1:34,37). Ele é Deus, o Criador. Ele é o Deus que conhece vocês, que conhece o mundo e o mantém.

"Mas", talvez vocês digam, "por que deve haver uma morte na cruz?"

A resposta continua a mesma. A glória de Deus torna Seus caminhos inescrutáveis. Em certo sentido, não há nada no Evangelho em conformidade com a compreensão humana. Ele é completamente diferente. Está muito além da nossa compreensão, assim como os céus estão muito acima da terra. Essa é a comparação usada por este profeta em particular. Assim, ao olhar para as várias doutrinas da fé cristã, vocês começarão a perceber que o Senhor Jesus Cristo não fez mais do que interpretar Isaías quando ele disse: "Eu lhes asseguro que, a não ser que vocês se convertam e se tornem como crianças, jamais entrarão no Reino dos céus" (Mt 18:3). Os discípulos queriam entender, mas nosso Senhor falou: Desistam. Vocês devem se sentir como criancinhas.

Se vocês olharem para o plano de Deus, o projeto de Deus, o caminho de Deus, estejam preparados para o impossível. Fiquem como uma criança, se assim quiserem, com a boca aberta e as mãos para cima e digam: "O que é essa maravilha?". A pobre compreensão da toda a humanidade é como nada. As nações são como uma gota no balde, um grão de poeira na balança, vaidade e ainda menos do que isso, apenas nada mesmo! Ah, que consigamos nos tornar criancinhas! Ah, que consigamos ver e reconhecer a verdade, para que cada um de nós possa pronunciar as palavras: "Deparo com esse

Todo-Poderoso e glorioso Deus e não há nada a fazer senão tapar minha boca, prostrar-me diante Dele, adorá-Lo e dizer: 'Fala, o teu servo está pronto para ouvir'".

Vocês perceberam alguma coisa da verdade sobre Deus? Sabem que são pecadores, vis pecadores? O caminho para saber é tentarem imaginar-se na presença de Deus. Então, logo começarão a dizer:

> *Luz eterna! Luz eterna!*
> *Quão pura a alma deve ser,*
> *Quando, colocada diante da tua visão que escrutina,*
> *Não se extingue, mas em tranquilo deleite*
> *Pode viver e a ti ver!*
> *Ah! Como devo eu, cuja esfera nativa*
> *É sombria, cuja mente é fraca,*
> *Antes que o Inefável apareça,*
> *E no meu espírito desnudo suporte*
> *O feixe ainda não criado?*

E, acreditem em mim, se nunca sentiram a verdade dessas palavras, nunca perceberam que precisam de Jesus Cristo para ser seu Salvador, e assim continuam em pecado. Nesse ponto, Ele veio para salvá-los, não para fazê-los se sentirem felizes, não para lhes dizer: "Vocês tomaram sua decisão e está tudo bem". Ele veio, e morreu, para nos levar a Deus, e esse é o Deus que Ele nos traz. E, quando vocês perceberem que não são nada na presença Dele, ficarão felizes em ouvir que esse hino continua, dizendo:

> *Há um caminho para o homem subir*

– Sim!

A Ti, no alto céu;

– Qual é?

Uma oferenda e um sacrifício
As energias do Espírito Santo,
Um defensor com Deus.

Se não houvesse tal defensor, não me atreveria a permanecer neste púlpito; não me atreveria a mencionar o nome de Deus. Entendo os judeus antigos, cuja concepção de Deus os levava a sequer mencionar o nome de Jeová. Eles conheciam alguma coisa da glória de tudo isso. Mas "temos um intercessor junto ao Pai, Jesus Cristo, o Justo" (1Jo 2:1b).

Prepara isso pra eu ver
Teu santo esplendor;
Os filhos da ignorância e da noite,

– Esses sou eu, e são vocês

Que homens morrem nesta Luz,
Eterna, que do céu reluz,
Por meio do Amor Eterno.[22]
(Thomas Binney)[23]

---

22 Tradução livre da música *Eternal Light*, de Thomas Binney.

23 O Rev. Dr. Thomas Binney (1798-1874) foi um congregacionalista inglês do século XIX, popularmente conhecido como o "Arcebispo da Não Conformidade". Ele tornou-se conhecido por sermões e textos em defesa dos princípios da não conformidade, do verso devocional e do envolvimento na causa da escravidão. (N.T.)

Comecem com Deus, com a grandeza, a glória, a inescrutabilidade dos formidáveis, maravilhosos e compassivos caminhos Dele.

A SABEDORIA DE DEUS

7

QUEM DEFINIU limites para o Espírito do Senhor, ou o instruiu como seu conselheiro? A quem o Senhor consultou que pudesse esclarecê-lo, e que lhe ensinasse a julgar com justiça? Quem lhe ensinou o conhecimento ou lhe aponta o caminho da sabedoria? (Is 40:13,14)

Consideramos a ajuda do profeta Isaías para que acreditemos na mensagem do Evangelho cristão, e venho sugerindo que todas as nossas dificuldades em acreditar, no final das contas, surgem de uma fonte comum: nossa ignorância sobre Deus e quem e o que Ele é. Então, o profeta, para nos ajudar, começa contando-nos algo sobre Deus, e sugeri que ele diz três coisas nos versículos de 12 a 17. Primeiro, enfatiza a grandeza, o poder e a majestade de Deus, e, em seguida, a glória de Dele.

O terceiro aspecto sobre Deus nessa passagem, como já indicado, resulta inevitável e logicamente das outras duas afirmações. É sobre isso que agora anseio chamar a atenção de todos. Coloco-o em uma frase como esta – a frase não importa, mas, se vocês gostam de conhecê-la de modo sucinto, é isto – *a inescrutabilidade dos caminhos e da mente de Deus*.

Aqui está, detalhando: Quem definiu limites para o Espírito do Senhor, ou o instruiu como seu conselheiro? A quem o Senhor consultou que pudesse esclarecê-lo, e que lhe ensinasse a julgar com justiça? Quem lhe ensinou o conhecimento ou lhe aponta o caminho da sabedoria? Quem o fez? Essa é a maneira de Isaías dizer que os caminhos de Deus estão além da nossa compreensão. São inescrutáveis e eternos, como Seu poder e Sua glória.

Agora, suponho que, de todas as dificuldades em relação a aceitar a fé cristã, não haja nenhuma tão comum quanto essa. Tem sido sempre um problema. Até mesmo alguns dos maiores santos de Deus, quando ouviram Suas palavras e promessas, não conseguiram acreditar. Parecia impossível. Os pensamentos de Deus, Seus caminhos e Sua Palavra sempre desconcertaram homens e mulheres, que têm achado tudo inacreditável porque é incompreensível. Vocês encontrarão essa dificuldade percorrendo o Antigo Testamento, e exatamente a mesma coisa acontece no Novo Testamento. Vimos como até a própria Maria disse ao anjo: "Como acontecerá isso [o nascimento de Jesus], se sou virgem?". E a resposta veio: "Pois nada é impossível para Deus" (Lc 1:34,37).

Portanto, esse é o problema, e o profeta o coloca aqui de maneira interessante. No Novo Testamento, há dois momentos em que essa palavra particular do profeta é citada e, por conseguinte, se estamos ansiosos para entender exatamente o que ele quer dizer, não podemos fazer nada melhor do que considerar as duas passagens. A primeira é na epístola aos romanos, capítulo 11:

> Ó profundidade da riqueza da sabedoria e do conhecimento de Deus! Quão insondáveis são os seus juízos,

e inescrutáveis os seus caminhos! "Quem conheceu a mente do Senhor? Ou quem foi seu conselheiro?" "Quem primeiro lhe deu, para que ele o recompense?" Pois dele, por ele e para ele são todas as coisas. A ele seja a glória para sempre! Amém. (Rm 11:33-36)

Nessa passagem, o apóstolo está preocupado com os caminhos de Deus quanto à humanidade. Vê-se em uma dificuldade profunda, debatida nos capítulos 9, 10 e 11 da poderosa epístola. O problema é que nosso Deus parece ter retrocedido em Suas promessas. Ele escolheu os filhos de Israel e, no entanto, poucos gentios e poucas pessoas escolhidas acreditam no Evangelho. Como conciliar tudo isso? É essa a questão, e o apóstolo chega a uma excelente resposta recorrendo à sua lógica incomparável. Então, tendo dito tudo, é assim que ele termina: "Eu disse tudo isso", ele afirma de fato, mas, "Ó profundidade da riqueza da sabedoria e do conhecimento de Deus!". Esse é o ponto. Podemos apenas olhar vagamente tais palavras e só apreendê-las, ou compreendê-las, até certo ponto, mas a própria verdade está além de nós, inescrutável.

Não continuo agora nesse aspecto porque estou ansioso; em vez disso, vou considerar o outro local da Bíblia em que a mesma afirmação é citada, ou seja, no capítulo 2 de 1 Coríntios. Está lá, no versículo 16: "quem conheceu a mente do Senhor para que possa instruí-lo?". Nessa passagem, encontramos o que me parece uma exposição prolongada pelo inspirado apóstolo do que foi sugerido lá no capítulo 40 de Isaías. Esse é o problema. Aqui está Deus proclamando o que vai fazer, e as pessoas não conseguem entender. "É possível?", perguntam. Como pode ser assim quando "toda a humanidade é como a relva, e toda a sua glória como as flores do campo"? E aqui está a resposta de Isaías: Isso é Deus. É o poder Dele. É a Sua glória. Não tentem entender Seus caminhos; eles são inescrutáveis.

E aqui, neste segundo capítulo da primeira epístola aos coríntios, e também em parte no primeiro capítulo, o apóstolo aborda essa questão. E faz isso porque, em certo sentido, precisa. Paulo constantemente encontrava essa dificuldade enquanto pregava o Evangelho aos gregos, um povo inteligente e sagaz. A Grécia era o lar dos grandes filósofos, e os gregos queriam, acima de tudo, sabedoria, conhecimento e compreensão. Por essa razão Paulo constantemente debatia a sabedoria. O grego dizia: "Este mundo está errado. Há conturbações e problemas, e precisamos de sabedoria". Sempre que ele era confrontado com qualquer declaração, perguntava imediatamente: "Agora, como se explicam as coisas? Que tipo de compreensão isso me dá?". E ele estava sempre pronto para ouvir um homem que dissesse: "Tenho uma teoria que pode lhe explicar tudo, e também um plano para uma utopia que resolverá seus problemas".

Agora, a grande metrópole, e centro do pensamento filosófico grego, era Atenas, e temos uma descrição da visita de Paulo a essa cidade. Depois de ouvi-lo por algum tempo, alguns dos filósofos disseram: "O que está tentando dizer esse tagarela?" (At 17:18). O Evangelho inteiro lhes parecia um disparate. Não conseguiam entendê-lo.

Mais tarde, o próprio Paulo lembrou aos coríntios que para eles o Evangelho tinha sido "loucura" (1Co 1:23). Quando Paulo chegou a Corinto depois de deixar Atenas, diante das pessoas, o que fez? Bem, ele nos diz que pregou "Jesus Cristo, e este, crucificado" (1Co 2:2). Tudo que envolvia Paulo, sua mensagem e sua pregação, lhes parecia absolutamente ridículo. Ele não era como os filósofos e os grandes oradores profissionais gregos. Não demonstrava qualquer cuidado com a linguagem, com a dicção e com a harmonia das frases. Parecia um mau orador: "Ele pessoalmente não impressiona", diziam, "e a sua palavra é desprezível" (2Co 10:10). Paulo não falava com a sabedoria dos homens; não floreava – citações e referências adequadas não perpassavam os sermões. Não eram obras de arte.

Além disso, a mensagem de Paulo não se adequava às várias escolas filosóficas. Em vez de considerar as escolas de pensamento rivais e colocar as teorias em ambos os lados de um argumento, para depois criticá-las e avaliá-las antes de finalmente fazer um julgamento equilibrado, esse homem parece apenas se levantar e contar uma história. Ele relatava algo que havia acontecido, em uma mensagem sobre alguém que era carpinteiro, judeu, e não grego. E especialmente sobre como essa Pessoa tinha morrido em uma cruz, crucificada em aparente fragilidade e colocada em um túmulo. Mas Paulo continuava acrescentando que Ele havia ressuscitado – para aquelas pessoas era uma ideia monstruosa. Onde estava a filosofia nisso? Onde estava o conhecimento? Onde havia sabedoria nesse tipo de ensinamento? Era um disparate, uma intolerável insensatez. E está bem claro que alguns membros da igreja em Corinto, depois de ouvirem outras pessoas, ficaram um pouco tentados a concordar com essa acusação contra Paulo.

Diante de tal situação, qual foi a resposta do apóstolo? Esse é o ponto interessante. A resposta não se voltou à irracionalidade ou à ininteligibilidade do Evangelho. Ele não disse: "Ah, sim, vocês são os grandes filósofos que buscam sabedoria. Claro, não possuo sabedoria alguma para lhes dar. Sou simplesmente alguém emocional, um sentimentalista. Estou aqui apenas para mexer de leve com seus sentimentos superficiais e levá-los a fazer o que desejo que façam". Isso não é o que ele disse. Muito pelo contrário. Em vez de concordar com a sugestão de que ele não tinha sabedoria alguma a oferecer, o apóstolo mostrou que, na realidade, a posição era o exato inverso. Ele disse: "Vocês não percebem que estou lhes oferecendo e pregando a única verdadeira sabedoria, mas não do tipo que se consegue conhecer e entender. É a sabedoria de Deus. Esse é o problema. Isso não significa que não prego a sabedoria, mas que a minha sabedoria é muito elevada para vocês, porque vem de Deus. Por isso não a entendem e pensam ser loucura. A dificuldade não está na mensagem, mas em vocês, na sua incapacidade de compreender, na sua postura limitada, na sua condição limitada. Dizem que é uma loucura", comentou o apóstolo, "mas só é uma loucura para vocês porque é tão excepcional".

O aspecto a que Paulo estava se referindo é absolutamente vital para a compreensão da fé e da mensagem cristãs. Às vezes, os próprios protagonistas delas cometeram uma grave injustiça. O caminho para responder à sabedoria do mundo na crítica ao Evangelho cristão não é dizer: "Óbvio, não temos sabedoria, somos apenas pessoas comuns. Vivemos no reino das emoções". Basta motivá-las dizendo-lhes: "Vocês querem sabedoria? Bem, aqui está uma ao lado da qual toda a sua alardeada sabedoria é uma loucura indizível". O profeta Isaías continua dizendo, no capítulo 40, e, se Deus quiser, esperamos considerá-lo, mas antes, permitam-me fazer-lhes uma exposição construtiva do que o grande apóstolo realmente declara.

Ouçam Paulo: "Entretanto, falamos de sabedoria entre os maduros, mas não da sabedoria desta era ou dos poderosos desta era, que estão sendo reduzidos a nada. Pelo contrário, falamos da sabedoria de Deus, do mistério que estava oculto, o qual Deus preordenou, antes do princípio das eras, para a nossa glória. Nenhum dos poderosos desta era o entendeu, pois, se o tivessem entendido, não teriam crucificado o Senhor da glória" (1Co 2:6-8).

Agora, antes de traduzir tais ideias em várias proposições simples, pergunto-me: Há alguém aqui me ouvindo que não acredita neste Evangelho pela própria razão apontada por esses filósofos em Atenas e Corinto? Vocês dizem: "Eu me acostumei a pensar nessas coisas. Acostumei-me a aceitar as coisas somente quando posso entendê-las. Sempre me ensinaram que nunca devo cometer suicídio intelectual, e que é muito errado as pessoas se submeterem a algo que não entendem. Todo meu treinamento, todo meu conhecimento e meu aprendizado, tudo isso me ensinou a me concentrar, pensar e analisar. Não entro num negócio, não compro nada a menos que saiba o que estou comprando. Essa é a minha posição. Mas agora seu Evangelho vem e me conta coisas do tipo que nunca ouvi antes, as quais não consigo entender, e, portanto, parece uma loucura".

Então, como vocês não conseguem entender o Evangelho, rejeitam-no totalmente. E o problema desse ponto de vista se refere ao fato de remeter apenas à antiga dificuldade dos gregos quando o apóstolo Paulo lhes pregou seu Evangelho. A dificuldade em acreditar na mensagem cristã não envolve uma questão de detalhes, mas uma única abordagem global. Importa a atitude fundamental de vocês em relação a isso, e o problema da maioria das pessoas é que sua atitude e sua abordagem estão tão absolutamente distorcidas que é bem possível não estarem certas em ponto algum.

Portanto, permitam-me dar-lhes uma série de proposições. O que é o Evangelho? A primeira coisa que o apóstolo nos diz se firma na sabedoria de Deus:

> Falamos de sabedoria entre os maduros, mas não da sabedoria desta era ou dos poderosos desta era, que estão sendo reduzidos a nada. Pelo contrário, falamos da sabedoria de Deus. (1Co 2:6-7a)

Este é, e deve ser sempre, o ponto de partida. Pergunto-me se está perfeitamente claro a todos o fato de que, em um encontro como este, estamos fazendo algo completamente diferente de qualquer coisa e de tudo o que podemos fazer no mundo lá fora. Considerem todas as associações acadêmicas, todas as mídias culturais; juntem-nas, e ainda assim não encontrarão nada que se pareça com uma reunião de cristãos unidos para ouvir o Evangelho. Estamos em uma categoria à parte, em um reino bastante diferente. Todos esses outros grupos e organizações derivam do homem. Todos resultam do pensamento humano e da chamada inspiração humana, imaginação humana, dom humano, competência humana. Tudo bem; não os estou criticando. Todos são excelentes. Mas estou tentando mostrar que o Evangelho nunca deve ser colocado na mesma categoria.

Louvemos a Deus por toda a competência humana e tudo o que enobrece a vida. Agradeçamos a Deus pela escultura e arte, música e poesia, pois tudo é edificante. Maravilhoso. Testemunha da grandeza dos seres humanos feitos à imagem de Deus, mas não coloquem o Evangelho nessa categoria, à qual ele não pertence. O Evangelho não é alcançado pelo homem. É de Deus. É a sabedoria de Deus. Vem tudo de Deus. É isso que o apóstolo está expondo em 1 Coríntios, e também é sobre isso que Isaías debate.

Isaías diz que nossa libertação é o pensamento, o plano e a organização de Deus. Afirma que ninguém a sugeriu ao Senhor. Ninguém próximo a Ele Lhe deu orientações. Quem é o conselheiro de Deus? Quem Lhe disse que fizesse o que fez em Cristo? Nenhum ser humano. Tudo veio de Deus sozinho. Na verdade, quero ir ainda mais longe e até mesmo dizer isto: o que Deus tem feito no Evangelho implica a exclusão completa do homem. Não foi nem mesmo uma resposta a um pedido. Há muitos pensando que as pessoas se voltaram para Deus e apelaram a Ele, e que, como resultado das orações, Deus de algum modo interveio. Isso, concordo, teria sido maravilhoso, mas o Evangelho é infinitamente mais maravilhoso. Deus agiu "quando ainda éramos pecadores" (Rm 5:8b). E isso ocorreu apesar de nós, apesar do que éramos e apesar do que tínhamos feito. Nunca posso enfatizar demais tal ideia porque o empecilho é pensar de outra forma. É *tudo* de Deus. O mundo tem enviado pessoas excepcionais, mas Cristo desceu do céu. Essa é a verdade de todo o Evangelho.

Vocês estão convencidos, meus amigos? Entendem que devem colocar de lado todos os cânones comuns de pensamento, todos os termos de referência e todas as providências usuais? Prefiro o jeito como Isaías coloca tais ideias. Ele falava sobre Deus medindo os céus e pesando os montes na balança e as colinas no seu prato, e depois, no versículo 13, ele continua e faz uma pergunta: "Quem definiu os limites para o Espírito do Senhor?". Como vocês podem! Mas vocês estão tentando, diz o profeta, e o apóstolo repete o mesmo argumento. "Onde está o sábio? [...] Onde está o questionador desta era?", diz Paulo (1Co 1:20). Onde estão os eruditos? Traga-os. Deixe-os vir. Algum deles pode medir e pesar a mente do Espírito de Deus? A sugestão é tão insensata que sequer exige uma resposta.

Quando vocês dizem: "A menos que eu entenda tudo completamente, não vou acreditar", percebem que estão tentando avaliar Deus com sua pequena mente insignificante? Meus queridos amigos, isso é insensato. É impossível compreender Deus, e é impossível compreender o Evangelho, pois representa o pensamento Dele, como vimos, completa e inteiramente Dele.

E esta é a primeira declaração de Paulo: "falamos da sabedoria de Deus", mas vocês percebem que ele não se abstém de outras informações e diz: "falamos da sabedoria de Deus, do mistério que estava oculto" (1Co 2:7a). Mais uma vez, que declaração vital! Quase bastaria dizer que era a sabedoria de Deus, mas com a natureza humana tal como é, desejando compreender o poder da mente humana e acreditar nele para entender até mesmo os infinitos e as eternidades, a verdade precisa ser colocada de forma muito clara e sem qualquer sombra de dúvida. O Evangelho não é apenas a sabedoria de Deus, mas, porque é a sabedoria de Deus, torna-se uma sabedoria escondida, algo ao mesmo tempo revelado e escondido. Um mistério.

O que Paulo quer dizer com "mistério"? Permitam-me fragmentar a ideia. Na verdade, o apóstolo faz isso por nós no segundo capítulo de 1 Coríntios. Ele nos diz que a mente, o plano de Deus, o grande propósito de Deus no Evangelho, o homem por natureza sequer conhece. O homem e a mulher comuns de fato se revelam bem ignorantes sobre o caminho de salvação de Deus, e não parecem saber que alguma coisa aconteceu. Se perguntarem às pessoas hoje o que pensam dos eventos ocorridos quase 2 mil anos atrás, elas sacudirão os ombros. A maior coisa que acontecerá já ocorreu, mas o indivíduo comum, médio, sabe disso? As pessoas dizem que são influenciadas pela história, no entanto, a mais esplêndida coisa que já aconteceu na história não as influencia de modo algum. Por quê? Porque é um mistério. Elas não o entendem. Está oculto.

Hoje, todos nós conversamos sobre história e sobre o tempo, mas as pessoas não percebem que há dois tipos de história. Aquela que vocês leem em livros de história seculares – fatos e datas sobre reis e príncipes, sobre guerras, disputas e mudanças econômicas. Sim, elas são bastante importantes, mas há outra história. Aquela que vocês encontram neste livro, a Bíblia, a história da redenção, a história do que Deus fez neste mundo. Ambas se juntam de vez em quando, embora corram ao longo de linhas paralelas. O mundo vê uma, mas não a outra, e nem está interessado. Oh sim, estamos todos tentando olhar para o futuro. "Ocorrerá outra guerra mundial?", perguntamos. "O que irá acontecer?" Agora está tudo bem; é o tempo secular e o da história. Mas que atenção dedicamos a esta outra história, a que nos diz que está se aproximando o dia – pode ser em breve, não sei – em que o Filho de Deus voltará a este mundo cavalgando nas nuvens do céu como o Rei dos reis e o Senhor dos senhores? É real. Irá acontecer. Mas o mundo vive como se o Evangelho nunca tivesse existido e como se nada fosse acontecer. Está oculto. É um mistério.

Vou ainda mais longe e direi isto: quando as boas-novas do Evangelho são de fato promulgadas diante dos olhos de homens e mulheres naturais, eles não as veem. Sequer "os poderosos desta terra" as veem, diz Paulo, e, quando ele fala "poderosos", não se refere apenas a reis e a pessoas do tipo, mas aos grandes filósofos, aos reis do pensamento, aos reis em cada reino da vida. Paulo diz: "Nenhum dos poderosos desta era o entendeu, pois, se o tivessem entendido, não teriam crucificado o Senhor da glória" (1Co 2:8). Eles olharam para aquela Pessoa e perguntaram: "Quem é esse homem, esse carpinteiro de Nazaré, esse filho de José?".

As pessoas O olharam e viram apenas tais características. No entanto, percebo outras pessoas O olhando e dizendo: "Vimos a sua glória, glória como do Unigênito vindo do Pai, cheio de graça e de verdade" (Jo 1:14b). Dois homens olham para a mesma Pessoa: um vê o carpinteiro, o outro, o Senhor da glória. Uma sabedoria oculta, um mistério, como vou explicitar em um instante. Entretanto, precisamos perceber que todas essas afirmações são de vital importância e que, mesmo quando Deus revelou Sua sabedoria de forma tangível, o mundo não a reconheceu.

Vou mais além. Ouçam o apóstolo:

> Quem não tem o Espírito não aceita as coisas que vêm do Espírito de Deus, pois lhe são loucura; e não é capaz de entendê-las, porque elas são discernidas espiritualmente. (1Cor 2:14)

A ordem a que pertencem é tal que homens e mulheres simplesmente não conseguem entender. O Evangelho lhes parece uma insensatez e um mistério porque difere de tudo a que estão acostumados. A tragédia da humanidade no pecado é que a sabedoria de Deus soa como loucura, e as pessoas não percebem que a sabedoria delas próprias é loucura para

Deus. Portanto, na declaração final do apóstolo, o trabalho do Espírito Santo é absolutamente essencial se quisermos receber este Evangelho.

Vocês notaram que o próprio Evangelho diz tudo isso? Talvez sejam incrédulos porque, como dizem: "Bem, percebo que os poderosos não acreditam, que os notáveis não são membros da Igreja cristã, que os cientistas, os escritores de romances e os líderes do pensamento cristão não praticam o Cristianismo, embora sejam pessoas com conhecimento e compreensão, e, se eles não acreditam, então é melhor que eu também não acredite, porque eles são meus professores e guias". Vocês argumentam desse modo?

A resposta do apóstolo é que tais pessoas, por mais poderosas que sejam, estão cegas a tais verdades espirituais. São pessoas "naturais", destituídas da inspiração, da orientação, da luz e da unção que só o Espírito Santo pode dar. Em nível humano, a mensagem do Evangelho não faz sentido. Mas, depois, homens e mulheres, arrependem-se e convertem-se. Sempre vivem dizendo: "Bobagem! Absurdo! Não há nada nisso", mas então, de repente, falam: "Esta é a vida. Isto é tudo". O que aconteceu? Essas pessoas mantêm o mesmo cérebro, o mesmo entendimento e as mesmas capacidades. Vou lhes contar o que aconteceu. O Espírito de Deus as iluminou; o Espírito Santo abriu a mente delas à verdade e revelou o mistério.

O Espírito é essencial. Ouçam como o apóstolo coloca tudo isso:

> Nenhum dos poderosos desta era o entendeu, pois, se o tivessem entendido, não teriam crucificado o Senhor da glória. Todavia, como está escrito: "Olho nenhum viu, ouvido nenhum ouviu, mente nenhuma imaginou o que

Deus preparou para aqueles que o amam"; mas Deus o revelou a nós por meio do Espírito. O Espírito sonda todas as coisas, até mesmo as coisas mais profundas de Deus. (1Co 2:8-10)

E então Paulo recorre a este maravilhoso argumento:

Pois quem dentre os homens conhece as coisas do homem, a não ser o espírito do homem que nele está? Da mesma forma, ninguém conhece as coisas de Deus, a não ser o Espírito de Deus. (1Co 2:11)

É esse o argumento dele. Tenho um segredo. Está no meu espírito, e mesmo tentando, por mais cultos e inteligentes que sejam, não conseguirão ler o segredo na minha mente, e jamais saberão qual é até eu lhes contar. Não é assim? No espírito dos indivíduos, existem coisas profundas às quais ninguém mais consegue chegar. Essa pessoa precisa revelá-los. Se isso vale para um ser humano, quão infinitamente mais verdadeiro é para Deus! Como vocês ascenderão aos céus e entenderão a mente de Deus? Há somente Um que pode entender a mente de Deus: o Espírito de Deus; somente quando o Espírito lhes revelar o propósito de Deus vocês o entenderão.

Assim funciona o Evangelho. Essa sabedoria de fato está oculta, é um mistério. Portanto, não se surpreendam com o fato de que talvez todos os poderosos do mundo a rejeitem. Diz Paulo: "Irmãos, pensem no que vocês eram quando foram chamados. Poucos eram sábios segundo os padrões humanos; poucos eram poderosos; poucos eram de nobre nascimento" (1Co 1:26). Por que não? Porque confiaram na filosofia que os norteava. Queriam entender a mente de Deus antes de decidir se iriam acreditam ou não. Impossível. Como nosso Senhor abençoado assegurou: "a não ser que vocês se convertam e se tornem como crianças, jamais entrarão no Reino dos céus" (Mt 18:3). A verdade fica clara apenas quando vocês percebem sua absoluta impotência e necessidade do Espírito; somente quando conseguem dizer: "É o pensamento de Deus, o caminho de Deus. Que tolo tenho sido tentando compreender e insistindo em explicações! Entendo que preciso caminhar como uma criança. Preciso vir, de certo modo, com as mãos e cabeça vazias, e ouvir e receber a revelação".

Vou me apressar para outro aspecto. Paulo diz: "falamos da sabedoria de Deus, do mistério que estava oculto, o qual Deus preordenou" (1Co 2:7). Ele está nos dizendo que Deus não Se tem surpreendido com as ações do homem. O Evangelho não é uma reflexão posterior. O ensino bíblico revela que Deus planejou o caminho da salvação antes de o mundo ser criado. Deus vê o fim desde o início. Ele sabe tudo. Meus queridos amigos, este mundo não está fora do controle de Deus. Pode assim parecer, mas não é verdade. O mundo está nas mãos Dele, que sabe tudo, que tem visto tudo desde a eternidade. O Evangelho é a sabedoria oculta de Deus e o mistério ordenado antes da criação do mundo. Em outras palavras, Deus tem um plano para este mundo, o qual está revelado neste maravilhoso Evangelho. Se assim apreciam, o Evangelho não é senão o plano revelado de Deus e o modo de lidar com o problema de homens e mulheres no pecado, de lidar com o problema do mundo perdido, um problema que a astúcia e a habilidade humanas não conseguem resolver, embora homens e mulheres venham tentando ao longo dos séculos.

Portanto, é aí que o plano de Deus entra. E Paulo menciona em alguns versículos todas as especificidades do plano.

Aqui está a sabedoria de Deus, o modo de Ele resolver o problema da raça humana – o que é isso? Antes de qualquer coisa, a solução de Deus envolve algo que chamamos de encarnação: "Nenhum dos poderosos desta era o entendeu, pois, se o tivessem entendido, não teriam crucificado o carpinteiro de Nazaré"? Não, não!... "pois, se o tivessem entendido, não teriam crucificado o *Senhor da glória*". Essa é a sabedoria de Deus, absolutamente diferente de tudo o que já conhecemos. Olhem para o bebê deitado em uma manjedoura.

"Está tudo bem", vocês dizem. "A cena é bastante corriqueira. Não há nada de incomum numa criança indefesa. Não há nada maravilhoso nisso. Essa é a sabedoria de Deus?"

Esperem um minuto, meus amigos. Quem é esse bebê? Quem é esse bebê que irá brincar com seus brinquedinhos em alguns meses? Sabem quem Ele é? É Aquele para quem "as ilhas não passam de um grão de areia" (Is 40:15b). Ele estava brincando com o cosmos antes de chegar! O Senhor da glória, o bebê de Belém, o carpinteiro, o homem que não frequentou escolas, o aparente ignorante – Ele é o Senhor da glória. Essa é a sabedoria de Deus, e agora vocês entendem por que enfatizei tanto que não devem tentar compreender o caminho de salvação de Deus: ele não pode ser entendido. É inescrutável. Assumamos a posição de Paulo, que diz: "é grande o mistério da piedade: Deus foi manifestado em corpo" (1Tm 3:16a).

O Senhor da glória é o bebê de Belém. A mesma Pessoa. Duas naturezas em uma Pessoa. Ele, com certeza, é homem, mas, com certeza, é Deus. É o homem absolutamente perfeito. É Deus absolutamente perfeito. É isso que estou pregando para vocês. Não estou pregando um professor humano. Não estou pregando um grande homem. Estou pregando-lhes o mistério, a maravilha, o milagre da encarnação. Deus e homem, duas naturezas mescladas em uma Pessoa. Conseguem entender o que lhes digo? Foi um grande filósofo que sugeriu isso a Deus? É esse o tipo de coisa que seria provável alguém dizer a Deus quando Ele veio para salvar a humanidade? Fora de questão! "Quem conheceu a mente do Senhor?" Oh, a indizível insensatez e a impudência dos seres humanos pedindo para entender a encarnação – Deus, o Senhor da glória, vindo e morando entre nós!

Mas continuemos: o segundo mistério, a morte. Paulo argumenta que, se os poderosos do mundo conhecessem a sabedoria de Deus, não teriam crucificado o Senhor da glória. Sempre antipatizei com o uso exagerado da palavra "paradoxo", porque resulta do fato de ela ter se tornado gasta e tão banalizada que não se pode usá-la onde deveria ser usada. Se querem conhecer um paradoxo real, aqui está: o Senhor da glória crucificado; o Senhor, por meio de quem e por quem todas as coisas foram feitas e assim existem, crucificado por fraqueza, rejeitado e desprezado, colocado em um túmulo. Ainda continuam tentando entender? A mente de todos ainda está ansiosa para abarcar tudo? Bem, conseguem assimilar? O Senhor da glória crucificado, impotente, pregado no madeiro, chorando agoniado, reclamando de sede, morrendo; Seu corpo retirado, deitado em um túmulo, em cuja frente rolaram uma pedra. O Senhor da glória crucificado.

Pedro expressou essa cena em uma frase muito marcante na pregação ao povo em Jerusalém, quando fala sobre matar "o autor da vida" (At 3:15). Isso é verdade ou disparate indescritível – é um ou outro. O autor da vida crucificado: essa é a mensagem que pregamos, isto é, o Evangelho cristão. Ele não lhes diz que vivam uma vida melhor, controlem-se, virem uma nova página e venham para a igreja. Não, não. O Evangelho lhes anuncia que Deus tem atuado. Ele enviou Seu Filho, "nascido de mulher, nascido debaixo da lei" (Gl 4:4b), e esse Filho foi para as profundezas da cruz do Calvário. E por quê? Bem, essa é a próxima palavra de Paulo.

O apóstolo explica que tudo aconteceu "para a nossa glória": "falamos da sabedoria de Deus, do mistério que estava oculto, o qual Deus preordenou, antes do princípio das eras, para a nossa glória" (1Co 2:7). Esse é o jeito de Deus nos salvar. Não tínhamos pensado nisso assim, não é? Pensávamos ser necessário haver mais educação. Pensávamos serem necessários mais discursos estimulantes. Pensávamos ser necessário um exemplo excepcional, alguém que pudéssemos imitar e seguir, alguém sobre quem poderíamos dizer: "Queríamos isso. Enfim conseguimos! Vamos seguir esse maravilhoso exemplo". Essa é a nossa ideia de salvação, não é? Mas, graças a Deus, isso não veio de Deus, pois não consigo seguir o exemplo do nosso Senhor. Não consigo na minha própria força viver o Sermão da Montanha. Não consigo nem mesmo cumprir os meus próprios padrões, e, quanto ao problema dos meus pecados passados, eles estão lá. Não adianta virar as costas. Sei que estão lá. Está escrito na história.

Como, antes de poder ser salvo, preciso ser libertado do meu pecado passado, a sabedoria de Deus encontrou um caminho. O Senhor da glória foi crucificado "para minha glória". "Deus tornou pecado por nós aquele que não tinha pecado, para que nele nos tornássemos justiça de Deus" (2Co 5:21).

Isso é um mistério. Extraordinário. Vocês já ouviram falar de alguma coisa deste tipo antes, que o inocente vem e morre pelo culpado? Que o Deus a quem temos ofendido assume o problema, vem na Pessoa de Seu Filho e o afasta? Conseguiriam pensar em algo assim? Entendem que têm de vir a este

Evangelho com uma atitude diferente da atitude do mundo? É uma coisa completamente de Deus, completamente diferente, e não pode ser entendida. É a sabedoria escondida de Deus em um mistério revelado pelo Espírito Santo, apenas por Ele.

E vamos à última questão: "Nós, porém, não recebemos o espírito do mundo, mas o Espírito procedente de Deus, para que entendamos as coisas que Deus *nos tem dado gratuitamente*" (1Co 2:12). O coroamento desse mistério, dessa maravilha, dessa sabedoria oculta, é que recebemos a salvação em troca de nada, livremente, sem dinheiro e sem preço, no entanto, somente aos que dizem:

Nada em minhas mãos trago,
Simplesmente, à cruz me agarro;
Nu, venho a ti por roupa;
Sem amparo eu Te busco por graça;
Sujo, eu para a fonte corro;
Lava-me, Salvador, ou eu morro.[24]
(Augustus Toplady)[25]

Venho como um mendigo, com nada, nem um ceitil,[26] nem um vestígio de retidão. Isso é dado gratuitamente. Isaias era entusiasta dessa ideia. "Venham, todos vocês que estão com sede", ele diz, "venham às águas; e, vocês que não possuem dinheiro algum, venham, comprem e comam! Venham, comprem vinho e leite sem dinheiro e sem custo" (Is 55:1). É

---

24 Tradução livre da música *Rock Of Ages*, de Augustus Toplady.

25 Augustus Montague Toplady (1740-1778) foi clérigo anglicano e escritor de hinos. Hoje é lembrado mais como o autor do hino "Rock of Ages" (Rocha eterna). (N. T.)

26 Moeda referente ao Novo Testamento. (N. T.)

assim mesmo. O profeta diz isso com frequência, e aqui Paulo também está dizendo que é tudo dado gratuitamente.

E esta é a última insensatez e tragédia de homens e mulheres. Não há nada sobre o Evangelho ao que se oponham mais do que o fato de que as coisas são dadas gratuitamente. Em uma postura de orgulho, eles querem ganhar. Querem manter a respeitabilidade. Dizem: "Não somos pobres ainda". Nosso Senhor disse a determinadas pessoas que pareciam acreditar Nele: "Se vocês permanecerem firmes na minha palavra, verdadeiramente serão meus discípulos. E conhecerão a verdade, e a verdade os libertará". Mas eles Lhe responderam: "Somos descendentes de Abraão e nunca fomos escravos de ninguém. Como você pode dizer que seremos livres?" (Jo 8:31-33).

O Evangelho é diferente de qualquer coisa que o mundo já conheceu. O Deus ofendido perdoa gratuitamente. Oh, não é incrível que, mesmo enquanto ainda éramos pecadores, Cristo morreu por nós? Paulo diz: "quando éramos inimigos de Deus fomos reconciliados com ele mediante a morte de seu Filho" (Rm 5:10a). Deus fez tudo enquanto vocês e eu nos opúnhamos por completo a Ele. Agiu com perfeição e nos dá a salvação de graça.

Pregamos a sabedoria de Deus. É o jeito como Ele tem seguido. Enviou Seu Filho, e Seu Filho veio. Partiu resolutamente em direção a Jerusalém e entregou-se ao sofrimento, à agonia e à vergonha da cruz para que assim expiasse nossos pecados e nos reconciliássemos com Deus. E, no Filho, Deus oferece-lhes gratuitamente o perdão do pecado, uma restauração do relacionamento correto entre vocês e Ele mesmo. Deus lhes oferece uma nova vida, uma nova natureza, um novo começo. Ele lhes dará o Espírito Santo. Transformará vocês em herdeiros e lhes oferecerá um vislumbre da glória que os aguarda. Assim é o Evangelho, meus amigos. É de Deus. Traduz o poder de Deus, o amor de Deus e a sabedoria de Deus.

Tendo tentado analisar o Evangelho desse modo, ainda que de forma tão inadequada; resta-nos apenas uma coisa a fazer. Devemos simplesmente nos curvar diante de Deus e dizer: "Senhor Deus, perdoe o orgulho de meu intelecto, meu insensato orgulho e minha débil compreensão. Agora vejo que a salvação e a libertação são o Seu caminho, não o do homem. Não entendo, mas acredito. Conceda-as a mim. Dê-me o Espírito que me ilumine e me permita acreditar".

Confessem sua absoluta dependência ao Senhor, e Ele lhes dará o Espírito, e verão a verdade. Saberão que Jesus de Nazaré é o Senhor da glória, Aquele que veio para morrer para que vocês fossem perdoados, para que se tornassem filhos e herdeiros de Deus, preparados para a glória que ainda os espera. Essa é a sabedoria de Deus, a sabedoria oculta, mas que, graças a Deus, tem sido revelada. E está em Jesus Cristo. Voem para Ele do jeito como vocês são; dependam inteiramente Dele, e sejam salvos.

8 ▶ A RESPOSTA À DESCRENÇA

A QUEM vocês compararão Deus? Como poderão representá-lo? Com uma imagem que funde o artesão, e que o ourives cobre de ouro e lhe modela correntes de prata? Ou com o ídolo do pobre que pode apenas escolher um bom pedaço de madeira e procurar um marceneiro para fazer uma imagem que não caia? Será que vocês não sabem? Nunca ouviram falar? Não lhes contaram desde a antiguidade? Vocês não compreenderam como a terra foi fundada? Ele se assenta no seu trono, acima da cúpula da terra, cujos habitantes são pequenos como gafanhotos. Ele estende os céus como um forro, e os arma como uma tenda para neles habitar. Ele aniquila os príncipes e reduz a nada os juízes deste mundo. Mal eles são plantados ou semeados, mal lançam raízes na terra, Deus sopra sobre eles, e eles murcham; um redemoinho os leva como palha. (Is 40:18-24)

Consideramos juntos a magnífica proclamação do Evangelho nos versículos de 1 a 11 deste capítulo 40 de Isaías, essa maravilhosa profecia evangélica, essa mensagem que foi dada ao profeta cerca de 800 anos antes da chegada do Filho de Deus ao mundo. E a grande questão que nos confrontou foi: Qual é o problema com a humanidade? Por que homens e mulheres não se lançam em tal mensagem, agarrando-se a ela a todo custo e passando o tempo em louvor a Deus, agradecendo-Lhe? E vimos que Isaías considera essa questão e a fundamenta a partir do versículo 12 até o final do capítulo.

Já abordamos a primeira resposta do profeta nos versículos de 12 a 17. Aqui, ele já começa dizendo que a real fonte de toda essa dificuldade é nosso terrível desconhecimento da verdadeira natureza e do caráter de Deus. Vimos que, nessa passagem, Isaías se preocupa, sobretudo, em mostrar a inescrutabilidade dos caminhos de Deus, e observamos como o apóstolo Paulo incorpora isso e, em 1 Coríntios 2, desenvolve um poderoso argumento relativo ao fato de os seres humanos não entenderem o Evangelho porque a sabedoria de Deus está além do limitado entendimento deles.

Agora, Isaías vai mais além, e vocês percebem como ele apresenta a questão, ou seja, por meio de uma fórmula que aparece no versículo 18 e, de novo, no 25. É como se o profeta estivesse dizendo: "Se esse argumento não os satisfaz, se ainda não entendem um Evangelho tão maravilhoso, então me permitam abordá-lo desse modo". E afirma: "A quem vocês compararão Deus? Como poderão representá-lo?" (versículo 18), e: "Com quem vocês me compararão? Quem se assemelha a mim?, pergunta o Santo" (versículo 25). Quase como desesperado, Isaías diz: Como posso colocar isso para vocês? Qual é o problema? Por que resistem? O que os impede de acreditar na mensagem e aceitá-la?

Portanto, Isaías mais uma vez se vê diante da grande dificuldade de as pessoas acreditarem no poder de Deus e na capacidade de Ele cumprir o que prometeu. A dúvida é o empecilho da humanidade. "Ah", as pessoas dizem, "esse Evangelho soa bem, mas essas coisas podem mesmo ser feitas? Realmente acontecem? Tudo bem falar sobre elas, mas poderão de fato ocorrer?"

E Isaías retruca: "Bem, se vocês não acreditam, o problema é que ainda não entendem a verdadeira natureza e o ser de Deus". Ele já colocou esse aspecto, lembrando-nos de Deus por meio do fragmento:

> Quem mediu as águas na concha da mão, ou com o palmo definiu os limites dos céus? Quem jamais calculou o peso da terra, ou pesou os montes na balança e as colinas nos seus pratos? (Is 40:12)

Ele já nos disse que para Deus "as nações são como a gota que sobra do balde; para ele são como o pó que resta na balança", e que "as ilhas não passam de um grão de areia". Isaías disse que a glória de Deus é tal que, "nem as florestas do Líbano seriam suficientes para o fogo do altar, nem os animais de lá bastariam para o holocausto", porque "Diante dele todas as nações são como nada; para ele são sem valor e menos que nada".

No entanto, Isaías parece perceber que essas pessoas ainda não conseguem progredir e acreditar, ainda não conseguem compreender as boas-novas. E por quê? Bem, evidentemente estão pensando de modo errado em Deus. Então, enviando-lhes um desafio, ele diz: Que imagem vocês têm de Deus? Com quem O estão comparando? Pensam em Deus em termos de ídolos? Esse é seu padrão de mensuração? Ou pensam em Deus em termos dos grandes príncipes do mundo, ou talvez dos grandes juízes, dos sábios, dos homens que podem manter o equilíbrio jurídico, peneirar e analisar as evidências e, depois de pensar e ponderar, entregar um parecer sólido e um veredicto justo? É assim que andam pensando em Deus? Isaías, querendo auxiliar aqueles que não acreditam, assim apresenta seu argumento.

Na verdade, Isaías diz: "Está perfeitamente claro para mim que vocês acreditam, mas em ídolos, em príncipes, em juízes e em grandes homens, e ainda assim, apesar de depositarem sua confiança nessas coisas, dizem que não conseguem acreditar em Deus e nas verdades por Ele reveladas". Que postura! Que exposição da incredulidade! Essa é a mensagem de Isaías, conforme a entendo. E ele lida com essa atitude, com essa condição de humanidade, com o terrível estado de incredulidade que faz cambalear as promessas de Deus, enquanto estão prontos para aceitar as promessas dos homens, dos príncipes e dos juízes, e acreditar nelas.

E, a partir do argumento de Isaías, com certeza temos o direito de trazer à tona determinados ensinamentos muito bem definidos na Bíblia em relação a essa incredulidade, que atinge a humanidade de modo tão trágico. Em certo sentido, a incredulidade é o grande tema da Bíblia. É nosso flagelo final. Se todos nós conseguíssemos acreditar em Deus, em Seu Filho e no caminho da salvação divina, que lugar diferente seria este mundo! Se homens e mulheres acreditassem no Evangelho e o praticassem, se exercitassem a fé e a abraçassem, toda a terra mudaria tanto que realmente viraria o paraíso. Em última instância, todos os nossos problemas vêm da incredulidade. É o pecado final, a coisa que tem acompanhado os rumos da raça humana. Foi o motivo do problema original; vejam: "Foi isto mesmo que Deus disse" (Gn 3:1b). Lá vêm vocês:

uma dúvida, e então começam a exagerar e a fazer perguntas. Tudo uma manifestação de incredulidade. Portanto, repito, este é o grande tema das Escrituras, mas aqui, felizmente para nós, o exemplo bíblico em relação à descrença é desenvolvido e apresentado para nós por meio de algumas proposições simples.

A primeira, sem dúvida, é a seguinte: essa incredulidade se revela completamente insensata. Que loucura não acreditar em Deus! Se vocês percorrerem a Bíblia, encontrarão muitas coisas sobre o pecado em geral e o pecado da incredulidade em particular. Ela fala sobre o pecado como rebelião, como arrogância. Como anarquia. Como falha. Mas acho que concordarão comigo quando eu disser que não existe nada que a Bíblia enfatize com tanta frequência como a insensatez da incredulidade. Dois salmos são muito claros nesse sentido; as palavras chegam a nós como uma espécie de trovão quando os lemos: "Diz o tolo em seu coração: 'Deus não existe'" (Sl 14:1; 53:1). Esta é a palavra final sobre aqueles que negam a existência de Deus: tolos. E, quando a Bíblia os chama de tolos, significa que são enfadonhos, estúpidos. Significa também que não conseguem pensar direito. É esse o verdadeiro problema deles: faltam-lhes razão e capacidade de entender.

Nosso Senhor usa exatamente o mesmo termo em relação a um homem que viveu inteiramente para este mundo e não era rico em respeito a Deus. Os celeiros do homem estavam cheios da maravilhosa colheita que havia armazenado. Tornou-se tão rico que a riqueza virou constrangimento para ele. Então, felicitando-se, ele disse: "Você tem grande quantidade de bens, armazenados para muitos anos. Descanse, coma, beba e alegre-se". Mas, naquela mesma noite, Deus lhe falou: "Insensato!" (Lc 12:19,20). Vocês são insensatos. Acham que são um homem de negócios racional e sábio, um homem do mundo que não se tornou indulgente e tem complexo religioso. Mas, longe da ponderação e da perspicácia, o verdadeiro problema é que não sabem como pensar. E daí vem o veredito de Deus: "Insensato!".

E aqui em Isaías 40 a insensatez da incredulidade revela o aspecto que o profeta aborda a seu modo, com imagens poéticas e clareza. Ele prova a insensatez do incrédulo desta maneira: aqueles que não acreditam em Deus invariavelmente acreditam em alguma coisa, e em que acreditam? Acreditam nos ídolos! "A quem vocês compararão Deus? Como poderão representá-lo?" Aqui está a resposta: "Com uma imagem que funde o artesão, e que o ourives cobre de ouro e lhe modela correntes de prata". Vejam o problema deles em construir ídolos. Aqueles que podem pagar colocam as mãos nos mais preciosos. Pagam um preço alto e conquistam a forma de um ídolo. Como um toque final, o ourives o cobre com ouro e modela correntes de prata.

Essas pessoas colocam o melhor que têm para criar ídolos porque acreditam neles e pensam que irão ajudá-las. Assim, definem sua fé por meio dos ídolos, vivem por eles.

O versículo 20 traduz uma passagem curiosa sobre a qual as autoridades não entraram em consenso: "Ou com o ídolo do pobre que pode apenas escolher um bom pedaço de madeira e procurar um marceneiro para fazer uma imagem que não caia?". Aqui está citado um homem que, de tão pobre, não pode construir seu ídolo de ouro, ou de prata, ou de qualquer outro metal precioso. Afinal, é claro, são muito caros, e aqui está um homem, diz o profeta, que, sem poder pagar por eles, tenta escolher o melhor tipo de madeira possível: que não seja susceptível ao apodrecimento, o tipo de madeira boa e reforçada, capaz de suportar todos os rigores do clima. E então o homem contrata um habilidoso carpinteiro para talhar um ídolo a quem ele adore. Como eu disse, as autoridades diferem ligeiramente nesse aspecto. Alguns afirmam que esse versículo apresenta somente uma descrição das pessoas pobres. O mundo pode ser dividido em ricos e pobres: os ricos têm ídolos de ouro; os pobres os fazem da melhor madeira que conseguem obter. Outros, no entanto, sugerem – e talvez tenham razão – que o trecho se refere não tanto àqueles que foram originalmente pobres, mas, sim, àqueles que construíram tantos ídolos, e gastaram tanto dinheiro, que acabaram tornando-se pobres, e nada mais lhes resta a fazer agora senão comprar um pedaço de madeira e transformá-lo em um ídolo.

Em certo sentido, importa apenas que a segunda exposição lança e enfatiza a crença das pessoas nesses ídolos. Elas se tornarão de fato pobres dispendendo esforços para obter ídolos cada vez melhores a fim de homenageá-los. E até mesmo os pobres comprarão a melhor madeira possível. Não há nada, de qualquer maneira, que não façam. Entretanto, esses filhos de Israel não podem acreditar na mensagem de Deus sobre Ele por meio de Isaías. Deus a criou para Si mesmo. Ele escolheu um homem chamado Abraão, transformou-o em uma nação e realizou maravilhas entre as pessoas, que, virando as costas para tudo isso, estão recorrendo à adoração de ídolos. Dizem que não conseguem acreditar em Deus – mas conseguem acreditar em ídolos!

E o mundo está repleto desse tipo de coisa. As pessoas nos dizem que são muito preparadas e muito inteligentes para acreditar em Deus. Mas vejam no que acreditam. Vejam os ídolos modernos. As pessoas também afirmam que são muito inteligentes para acreditar neste Evangelho, aceitá-lo e submeter-se a ele. Mas vejam as coisas em que homens e mulheres depositam sua confiança. Vejam os deuses que o mundo constrói para si mesmo: às vezes apenas exuberante riqueza, às vezes posição e status, às vezes vestimenta, mera indumentária. Em seu desejo de serem vistas como grandes na terra, as pessoas os idolatram e copiam. Não há limites para a variedade de ídolos que homens e mulheres constroem, aos quais estão preparados para se entregar. Assim se empobrecem, como Isaías descreve aqui. A esse processo dedicarão tempo, entusiasmo, energia e dinheiro. Há pessoas mergulhadas constantemente em problemas financeiros, chegando até mesmo a falir, porque tentam viver em um nível social que está além delas. É a exata repetição do que as pessoas fizeram em tempos remotos com os ídolos de ouro. É idolatria; é o culto a um estilo de vida.

E ainda há pessoas que veneram o pensamento e a aprendizagem. Aquelas que, sem dúvida, cultuam a ciência. E falam sobre isso como se fosse algum tipo de divindade. Elas transformaram algo abstrato em algo concreto. "É isto o que a ciência ensina", afirmam. Óbvio que não existe tal coisa. Elas querem dizer que certos cientistas dizem isso ou aquilo. No entanto, transformaram a ciência em um deus e se curvam diante dessa tremenda coisa sobre nós e sobre a vida da humanidade. Não preciso continuar. Homens e mulheres modernos abandonaram Deus. Não conseguem acreditar na mensagem do Evangelho, e creem que o avanço do conhecimento e da aprendizagem salvará o mundo e colocará tudo do jeito correto. E também a ação política! Todos esses são os ídolos modernos, os deuses modernos. E observamos na descrição de Isaías com que respeito as pessoas pagam aos seus ídolos e a fé que neles depositam.

Ainda há de se considerar a atitude moderna para "os príncipes" e "os juízes deste mundo" (versículo 23). Parece-me que cada vez mais há uma crença em líderes humanos – é a ideia do super-homem, do ditador. Com certeza, precisamos estar bem atentos a esse perigo. Em certo sentido, isso resume toda a explicação da tragédia da última guerra. Sim, basta que observemos bem o que aconteceu na Alemanha antes da guerra,[27] mas a Grã-Bretanha está implacável com o mesmo tipo de coisa. Talvez um dos maiores perigos ainda enfrentados pelo mundo moderno seja essa tendência de as pessoas ouvirem como uma ovelha dócil qualquer líder e dar-lhe apoio incondicional.

Pensem bem. Existem muitas, muitas manifestações desse desejo de transformar seres humanos, homens e mulheres, em deuses, para trabalhá-los em nossa imaginação e idealizá-los. Assim, acabamos depositando neles qualidades que de fato não estão lá. Eu poderia dar-lhes muitos exemplos. Isso não é visto apenas no caso dos "príncipes", aqueles que nascem ricos e privilegiados, mas também no fato de tratarmos os tipos de pessoas aqui citadas como "juízes deste mundo", os líderes visionários. Estamos preparados para confiar completamente nelas, ao redor de quem colocamos uma espécie de aura e tendemos a afirmar que são infalíveis.

Houve um tempo em que as pessoas acreditavam no "direito divino dos reis". Talvez não acreditem mais quando a questão se refere a reis, mas acreditam nisso quanto a outras pessoas – "príncipes" e "juízes", e também filósofos, homens sábios. Embora o homem e a mulher comuns não acreditem em Deus e na

---

27 Referência à Segunda Guerra Mundial.

fé cristã, têm fé ilimitada na sabedoria desses grandes líderes e pensadores que irão resolver todos os problemas da vida e nos levar a algum tipo de paraíso. Consequentemente, submeter-se-ão a eles e lhes permitirão reinar e governar, até que assumam quase um controle totalitário. Não é assim mesmo?

Mas ouçam o argumento do profeta:

"Vocês acreditam em ídolos, e em príncipes e em juízes, e ainda assim não acreditam em Deus". Oh, que terrível! Ouçam o sarcasmo. Tendo descrito toda essa produção de ídolos, ele diz: "Será que vocês não sabem? Nunca ouviram falar? Não lhes contaram desde a antiguidade? Vocês não compreenderam como a terra foi fundada? Ele se assenta no seu trono, acima da cúpula da terra... (versículos 21-22)

Isaías quer dizer isto: o ídolo, depois de vocês terem gastado todo seu dinheiro nele, no ouro, na prata e assim por diante, não tem existência alguma. Não é ser algum.

A Bíblia está constantemente expondo a futilidade da adoração de ídolos; por exemplo, ouçam o Salmo 115:

O nosso Deus está nos céus, e pode fazer tudo o que lhe agrada. Os idolos deles, de prata e ouro, são feitos por mãos humanas.

Em seguida, ouçam a descrição desses ídolos:

Têm boca, mas não podem falar, olhos, mas não podem ver; têm ouvidos, mas não podem ouvir, nariz, mas não podem sentir cheiro; têm mãos, mas nada podem apalpar, pés, mas não podem andar; e não emitem som algum com a garganta. Tornem-se como eles aqueles que os fazem e todos os que neles confiam. (Sl 115:3-8)

Ah, sim, vocês utilizam o melhor esculpidor que conseguem encontrar, pois querem uma imagem perfeita, um ídolo perfeito. São cuidadosos nos olhos, na escultura do nariz e na formação das orelhas e dos lábios, das mãos e dos pés, e lá está. Terminado. Que maravilhoso! Valeu a pena. Mas, antes de prosseguirem para adorá-lo, façam uma pergunta simples e óbvia: O que tal imagem fará por vocês? Olhos perfeitos. Mas não pode ver. Boca maravilhosa. Sim, mas não pode falar. Vejam as mãos. Oh, que anatomia perfeita! Mas não pode usá-las. Vejam os pés! Mas não pode andar. Não pode fazer absolutamente nada; é inútil.

Eu não precisava tê-los levado aos Salmos. O próprio Isaías elabora o mesmo contraste, de modo igualmente perfeito, no capítulo 46, em que resume a diferença entre Deus e um ídolo de uma maneira simples: um ídolo é um deus que vocês têm de carregar; Deus é um Deus que os susterá (Is 46:4-7). Quando vocês fazem seu ídolo, ele não pode se mover; não pode fazer nada. Vocês precisam fazer tudo para ele. E as pessoas depositam sua fé, seu destino e sua confiança nesses ídolos, meras imagens inúteis incapazes de fazer alguma coisa. Elas são como os próprios ídolos que construíram.

Considerem todos os ídolos que o mundo cultua hoje, o que eles podem fazer? Qual foi o valor dos ídolos de vocês durante a última guerra? Como eles os ajudaram quando seus entes queridos estavam distantes de casa, lutando? Qual o valor que tiveram quando informaram a vocês que seu amado filho fora subitamente morto ou sua filha morreu em um ataque aéreo? Qual é o valor de todas essas coisas quando vocês perdem a saúde, quando vocês se encontram no leito de morte? Não, não há nada lá. Eles não podem fazer nada.

E também com esses grandes homens, príncipes e juízes deste mundo. Ouçam Isaías:

> Ele aniquila os príncipes e reduz a nada os juízes deste mundo. Mal eles são plantados ou semeados, mal lançam raízes na terra, Deus sopra sobre eles, e eles murcham; um redemoinho os leva como palha. (versículos 23,24)

Eles foram colocados à prova e falharam conosco. Vivemos no século XX, o século que resultou de todos os avanços, do aprendizado e do conhecimento do século passado. Ainda confiamos nos governos, nos príncipes e nos poderes? Ainda acreditamos na sabedoria humana, na filosofia e na ação política? O que essas coisas têm feito? Ajudaram-nos? Não se provou serem vaidade? Não nos faltaram em nossa hora de necessidade? Diante dos nossos olhos, o mundo está provando que isso é verdade, e mesmo assim ainda confiamos nelas, transformando-as em uma espécie de religião. Acreditamos na vaidade. Vocês não acham o argumento do profeta de que a incredulidade é uma insensatez indescritível plenamente justificado? Acreditamos em ídolos, e não acreditamos em Deus! Há apenas uma palavra para descrever essa atitude: pura insensatez.

Em seguida, o segundo aspecto que Isaías aborda se refere ao fato de a crença ser sempre uma trágica ignorância. Ele diz isso de duas maneiras. E o faz antes de tudo nos versículos 21 e 22:

Será que vocês não sabem? Nunca ouviram falar? Não lhes contaram desde a antiguidade? Vocês não compreenderam como a terra foi fundada? Ele se assenta no seu trono, acima da cúpula da terra, cujos habitantes são pequenos como gafanhotos. Ele estende os céus como um forro, e os arma como uma tenda para neles habitar.

Esse é outro dos excepcionais argumentos bíblicos. Isaías quer dizer que não acreditar em Deus implica apenas a revelação de uma profunda e trágica ignorância do fato de que Deus é, afinal de contas, o Criador. O profeta diz: Vocês já não ouviram isso? Não sabiam? Não foi tal verdade conhecida desde o início da civilização? Sabemos pela fé que Deus criou o mundo do nada.

Este é o extraordinário argumento do apóstolo Paulo em Romanos, capítulo 1. Nele, Paulo afirma que é imperdoável viver no pecado e na incredulidade. Tal ponto de vista não pode ser defendido por esta razão: "os atributos invisíveis de Deus, seu eterno poder e sua natureza divina, têm sido vistos claramente, sendo compreendidos por meio das coisas criadas" (versículo 20) – desde o início foram vistas na criação, na natureza. A própria criação é uma prova e uma manifestação de Deus. Paulo afirma que, se a humanidade não tivesse uma revelação de Deus na natureza, haveria alguma desculpa para a incredulidade e o pecado, mas, considerando-se o mundo natural, não há desculpa. Deus revelou-se como o Criador.

É um argumento famoso. É o argumento da concepção, da ordem e do arranjo, da perfeição de uma flor, da perfeição de um cordeirinho, das estações que vêm regularmente, ano após ano, da fecundidade da terra e do instinto da ave orientada para a migração. Vocês conseguem realmente explicar todas essas coisas fora de Deus? A Escritura argumenta que essa evidência é mais que suficiente para provar a existência de Deus. Esse mesmo argumento foi abordado de modo muito mais débil por Sir James Jeans, e também por outros, que afirmam serem orientados por essa concepção e esse propósito a acreditar na "mente definitiva". E é colocado para nós aqui em Isaías.

Quando as pessoas não acreditam em Deus, não estão pensando com clareza na natureza. Não estão pensando na criação. Estão fazendo suposições, baseando-se em algumas hipóteses, como a evolução. Algumas recorrerão a todos os meios para encontrar a chamada evidência de suas teorias, e outras colocarão sua fé nessa evidência. Um cientista levanta-se e relata que o homem *Piltdown*[28] foi prova da evolução, e, acreditando nele, pensamos que isso é maravilhoso. No entanto, já sabemos que nunca houve um homem *Piltdown*! Agora, quando digo isso, não estou sendo indigno, meus amigos. Não quero ser indigno ou injusto. Simplesmente estou informando fatos. Estamos mais preparados para acreditar nas teorias e nas suposições de cientistas do que acreditamos na evidência da criação, ou seja, que a mente suprema de Deus está por trás de tudo. E a responsável por tal atitude é nossa ignorância. Se somente entendêssemos os céus e a terra, veríamos a obra de

---

28 O chamado Homem Piltdown foi uma fraude científica formada por fragmentos de um crânio e de uma mandíbula recuperados nos primeiros anos do século XX de uma mina de cascalho em Piltdown, vila perto de Uckfield, no condado inglês de Sussex. Especialistas da época afirmaram que os fragmentos eram restos fossilizados de uma até ali desconhecida espécie de homem primitivo. A significância do espécime permaneceu objeto de controvérsia até que, com o avanço da ciência, foi declarada uma fraude em 1953, consistindo, na verdade, na mandíbula inferior de um símio combinada com o crânio de um homem moderno, totalmente desenvolvido. (N.T.)

Deus, mas o pecado nos cegou. Somos ignorantes. O "deus desta era" cegou nossas mentes (2Co 4:4).

Então, vamos dizer uma breve palavra sobre o segundo argumento que Isaías usa para mostrar a tragédia da ignorância. Ele nos diz que Deus "aniquila os príncipes e reduz a nada os juízes deste mundo" (versículo 23). Deus não Se revela apenas na criação, mas também Se revelou na história. O Salmo 46 é uma das sucintas declarações da Bíblia sobre esse argumento em particular. O salmista diz: "Venham, vejam as obras do Senhor". Vejam, diz, que Ele dá fim às guerras, quebra o arco e despedaça a lança, e destrói os escudos com fogo. Quem fez tudo isso? A resposta, Deus. E, portanto, diz o salmista, "Parem de lutar!" (versículos 8-10). Assim, argumenta que, em vista de tudo isso, devemos desistir, ceder e admitir que Deus é Deus.

O argumento da Escritura assenta-se no fato de que toda a história é prova da existência de Deus. Vocês podem considerar isso, se quiserem, apenas do ponto de vista da história secular e do surgimento e queda das grandes dinastias. Observem como prosperaram, e como retrocederam, em um movimento de apogeu e de declínio. Por quê? Por que as civilizações declinam? Bem, vocês podem acreditar no historiador moderno que diz haver um poder implícito no processo histórico. Mas ele está idealizando e endeusando o processo histórico, transformando-o em um deus. Vocês conseguem acreditar nisso? Acho totalmente inadequado.

Não, conheço apenas uma explicação adequada – a que é dada por este livro, a Bíblia. O Senhor Deus Todo-Poderoso, sentado no círculo do universo, controla a história, que Lhe pertence. Ele criou os seres humanos. Ele configurou tudo. Ele permitiu que o pecado surgisse, mas isso não significa que Ele tenha abdicado; e quando os homens constroem suas torres de Babel e dizem que lhes basta a própria inteligência, Ele despedaça essas torres. Surge outra grande civilização, e Deus sopra sobre ela, que desaparece. Esse é o resumo da história e, aliás, um resumo preciso. Na Bíblia, vocês os veem chegando, grandes impérios erguendo-se um após o outro: Assíria, Babilônia, Pérsia. Deus lhes permite se levantarem e então os despedaça com um sopro. Leiam a história do Antigo Testamento e vejam a mão de Deus nela. Deus não permitirá a nenhuma grande nação que caminhe sobre a terra como um colosso. Não precisam temer. Ele nunca permitiu a ninguém que assim o fizesse e nunca permitirá. Pode parecer como se tais nações estivessem avançando, os ditadores do mundo surgiram um após o outro, mas, quando parecem assumir o controle total, Deus os fere e eles desaparecem.

Leiam o livro de Daniel. Leiam o Apocalipse. Leiam a história secular desde o nascimento de Cristo, e observarão isso. Deus está lá. "O Senhor reina! As nações tremem!" (Sl 99:1). O Deus da história fez essas coisas, e vocês e eu somos tão cegos que não conseguimos ver a verdade. Não conseguimos vê-la neste século; não conseguimos vê-la no século passado. Entretanto, ela está diante de nossos próprios olhos. Enquanto olhamos para a história através dos olhos do profeta nesse parágrafo, vocês não estão prontos para cantar comigo:

Frágil como a flor de verão, florescemos;
Sopra o vento, e ele se vai;
Mas enquanto os mortais se levantam e perecem,
Deus resiste imutável.[29]

(H. F. Lyte)

---
[29] Tradução livre da música *Praise My Soul The King Of Heaven*, de Henry Francis Lyte.

Vocês não conseguem vê-Lo? Não O conhecem? "Será que você não sabe? Nunca ouviu falar?" (versículo 28). O Senhor Deus na história, o Criador, o Controlador de tudo que existe. Mas homens e mulheres, em sua ignorância, não veem isso. Não acreditam. Eles acreditarão nas estrelas; acreditarão na sorte. Acreditarão na grandeza de sua própria nação, ou em um líder em particular. Acreditarão na aprendizagem. Acreditarão em todas essas coisas que, segundo creem, controlam nosso destino. "Mas não glorificaste o Deus que sustenta em suas mãos a tua vida e todos os teus caminhos" (Dn 5:23b). Oh, a ignorância do pecado! A ignorância a respeito desses fatos que Deus proclamou e colocou diante de nós. Estamos sem desculpas, conforme argumenta o apóstolo Paulo. A evidência está contra nós. Enfrentem isso na natureza, na história. Sigam o poderoso argumento do profeta.

E assim chegamos à minha última questão. A incredulidade é insensatez, a incredulidade é ignorância e, em terceiro lugar, a incredulidade desconhece as consequências geradas por ela mesma. Hesito em dizer essas coisas. Sei que eles não apreciam. Sei que são impopulares. Mas, meus queridos amigos, se não as dissesse, eu seria falso em minha vocação. Seria um estúpido. Seria o pior amigo de vocês. A incredulidade, repito, desconhece as consequências geradas por ela mesma. Por isso, quero dizer que, independentemente de vocês e eu acreditarmos, são fatos. Deus é Deus, e Deus é o Senhor. Eu não O entender não significa que Ele não está lá. Não entendemos a eletricidade, mas ela está lá. E mesmo que vocês e eu digamos que não acreditamos em Deus em razão de não O entendermos, Deus permanece totalmente incólume.

O Deus que se revelou na criação e na história é o Senhor Deus Todo-Poderoso, o Deus do universo. Ele tem o poder. E mostrou-o na história quando soprou sobre dinastias e elas caíram, e quando derrubou tiranos. Ele é o juiz do universo. Está sentado no trono e não o compartilhará com ninguém. Deus está sozinho e absoluto em todos os Seus atributos e poder, e todos nós, vocês e eu, estamos em Suas mãos; não podemos escapar. É isso que Isaías ensina, desesperado por exprimir tal verdade. Ele está apelando a essas pessoas porque vê que elas não acreditam neste Deus, o Deus Todo--Poderoso. A atividade da pregação é dizer a homens e mulheres, para que nos contem tudo, que "terrível coisa é cair nas mãos do Deus vivo!" (Hb 10:31). Nosso tempo está nas mãos Dele. A ciência não pode ajudá-los. A sabedoria não pode ajudá-los – não pode banir a morte; não pode escapar do fim de todas as coisas.

Meus queridos amigos, quando vamos despertar, ser sábios e perceber essas coisas? De que vale falar de nossos príncipes, nossos juízes, nossos grandes homens, nossas grandes nações e nossas grandes ideias quando sabemos que eles não nos ajudam neste momento? Estamos aqui, e Deus está lá, e precisamos permanecer diante Dele. Não podemos evitar essa situação e é loucura não percebê-la. É uma trágica insensatez. Se não houvesse outra razão para acreditar Nele, essa já bastaria. A sabedoria dita que devemos acreditar em Deus porque Ele é Deus e porque, como Deus, tem direito a tudo. Ele nos tem feito para Si mesmo e exerce autoridade sobre nós. Não temos direito algum a nós mesmos porque não nos damos vida e existência. Não nos damos saúde, força ou qualquer outra coisa. Devemos tudo a Deus. Ele é o Doador de todo bem e de todas as dádivas perfeitas. A sabedoria apenas dita que devemos acreditar Nele, pois não acreditar significa nos opormos ao Todo-Poderoso e nos sujeitarmos à ruína para toda a eternidade.

Mas, graças a Deus, tenho alguma coisa para enaltecer a crença em Deus, a qual nos leva para além do argumento da sabedoria, embora ele seja suficiente. É que este Deus Todo-Poderoso, o Senhor do universo, ainda que vocês e eu, tolas criaturas insignificantes do nosso tempo, tenhamos nos rebelado e pecado contra Ele, blasfemado Seu nome e tentado Lhe cuspir no rosto, fizemos isso e merecemos a retribuição final e o inferno, mas Ele nos fitou com um olhar de tristeza. Apesar de tudo, Deus nos ama. Sua graça, Sua misericórdia e Sua compaixão são tais que enviou Seu Filho Unigênito, e não apenas O enviou semelhante à humanidade pecaminosa, mas enviou-O para a cruz, e colocou sobre Ele nossos pecados e O espancou com as barras que merecemos. E lá Ele revelou Seu amor e Sua compaixão por vocês, como se dissesse: "Se não acreditam em Mim, na evidência da criação, ou na evidência da história e nas marcas da minha obra, acreditem em Mim lá na cruz, enquanto abro Meu coração a vocês e rogo-lhes que se voltem para Mim a fim de que Eu possa amá-los, possuí-los e abençoá-los todos os dias da sua vida na terra, para em seguida recebê-los e compartilhar Minha glória eterna com vocês".

Ainda assim conseguem resistir a Ele? Vocês acreditam em ídolos. Acreditam em príncipes. Acreditam em juízes. Como conseguem se recusar a acreditar em tal Deus? Queridos amigos, pensem no argumento. Vejam a inevitabilidade dele. Coloquem sua assinatura. Definam seu carimbo para que seja verdade. Voltem-se imediatamente para Ele, sem demora ou hesitação, e digam-Lhe: "Entendo. Acredito. Não consigo entender isto. Não consigo entender esse amor com que me olhou, apesar do meu pecado e da minha arrogância, mas acredito na mensagem. Você é tão excepcional, tão bom. Quanto amor! Aceito-O. Entrego-me a Você em Jesus Cristo".

Sejam sábios. Reconciliem-se com Deus.

9 ▶ O DEUS SUFICIENTE

"COM QUEM vocês me compararão? Quem se assemelha a mim?", pergunta o Santo. Ergam os olhos e olhem para as alturas. Quem criou tudo isso? Aquele que põe em marcha cada estrela do seu exército celestial, e a todas chama pelo nome. Tão grande é o seu poder e tão imensa a sua força, que nenhuma delas deixa de comparecer! Por que você reclama, ó Jacó, e por que se queixa, ó Israel: "O Senhor não se interessa pela minha situação; o meu Deus não considera a minha causa"? Será que você não sabe? Nunca ouviu falar? O Senhor é o Deus eterno, o Criador de toda a terra. Ele não se cansa nem fica exausto, sua sabedoria é insondável. Ele fortalece ao cansado e dá grande vigor ao que está sem forças. Até os jovens se cansam e ficam exaustos, e os moços tropeçam e caem; mas aqueles que esperam no Senhor renovam as suas forças. Voam bem alto como águias; correm e não ficam exaustos, andam não se cansam. (Is 40:25-31)

Continuamos com a nossa consideração sobre as respostas que o profeta Isaías nos dá, no capítulo 40, às questões que surgem para homens e mulheres quando confrontados com a declaração das excepcionais e misericordiosas promessas de Deus. Este capítulo é uma excelente proclamação do Evangelho, na qual, ao ser feita pela primeira vez, os filhos de Israel acharam muito difícil acreditar, e o mundo ainda sente dificuldade em acreditar. É por isso que a maioria das pessoas no mundo não é cristã, e não só descreem da mensagem, mas também a rejeitam com desprezo e até mesmo a consideram um insulto. E do versículo 12 até o final desse notável e poderoso capítulo, um dos mais comoventes da Bíblia, o profeta faz referência às dificuldades que as pessoas afirmam ter e responde a elas.

Estivemos considerando essas dificuldades em conjunto: a inescrutabilidade e a transcendência da mente de Deus e a incredulidade, elementos que impedem acreditemos Nele, embora acreditemos em ídolos; e aqui, nos versículos de 25 a 28, Isaías chega a uma outra dificuldade. Vocês sabem, meus amigos, que não teremos qualquer desculpa no Dia do Julgamento eterno se não formos cristãos, pois a Bíblia não só nos transmite sua mensagem, mas ainda nos ajuda a acreditar nela. A Bíblia respondeu a nossas dificuldades antes mesmo de nascermos. Elas estão todas aqui, e não hesito em lhes assegurar que não existe dificuldade em que alguém já tenha pensado, em relação à crença no Evangelho, que já não tenha sido abordada e respondida nas Escrituras.

Esta próxima dificuldade diz respeito aos caminhos de Deus. É a dificuldade de compreender os propósitos e as promessas de Deus à luz das coisas que estão acontecendo no mundo. Em outras palavras, é duvidar da habilidade de Deus e da Sua bondade, questão tratada aqui. Obviamente, representa apenas outro exemplo da imensa e primordial dificuldade de não ser claro sobre a natureza de Deus, como mostrarei em seguida, mas essa dificuldade central se expressa de diferentes maneiras, e talvez nenhuma tão frequente como esta. Ela está resumida no versículo 27: "Por que você reclama, ó Jacó, e por que se queixa, ó Israel: 'O Senhor não se interessa pela minha situação; o meu Deus não considera a minha causa?'".

Esta não é uma declaração por parte de Israel e Jacó de que eles podem fazer o que quiserem e Deus não verá, embora, incidentalmente, seja verdade que acreditavam nesse tipo de coisa. Mas não é o que está sendo dito aqui. Esta é uma queixa. Israel está dizendo: Por que estou vivendo um tempo tão difícil? Deus sempre nos disse que somos Seu povo. Então, se o somos, por que Ele permite que soframos? Por que há coisas contra nós?

Em vista de determinadas circunstâncias e certos eventos que podem perceber, as pessoas estão começando a questionar o poder e a bondade de Deus. Não conseguem se decidir quanto à verdadeira explicação de tudo o que tem acontecido. Será que a razão está no fato de Deus não ser capaz de fazer nada por eles, ou será que, na verdade, Ele realmente não Se importa com o que acontece? O povo diz: Onde está a justiça de Deus? Onde está Seu julgamento? Ele afirma que é um Deus justo. Bem, essa é uma maneira justa de lidar conosco?

E não há dúvida de que hoje um grande número de pessoas está fora da igreja e fora de Cristo exatamente por esse motivo. É tão comum uma dificuldade e uma queixa hoje como era nos tempos do Antigo e do Novo Testamentos. As pessoas dizem que não conseguem conciliar as coisas que sabem e aquilo que veem no mundo ao seu redor com as afirmações relativas a Deus e a Seu caráter feitas na Bíblia.

É um problema antigo e persistente. Vocês irão encontrá-lo em inúmeras ocasiões nas próprias Escrituras. É uma queixa quase permanente no livro dos Salmos. Os filhos de Israel estavam sempre prontos para resmungar, reclamar dessa maneira cada vez que as coisas davam errado para eles. Nunca faziam essa crítica quando as coisas iam bem, é claro – nesse caso simplesmente se esqueciam de Deus –; no entanto, quando as coisas davam errado, diziam: Não é justo! Onde está Deus? Ele não pode nos libertar? O que está acontecendo?

E hoje, século XX, vocês ainda ouvirão pessoas dizendo que gostariam de acreditar no Evangelho, mas simplesmente não conseguem. "Há todas essas promessas de Deus e todas as grandes reclamações de Seu Evangelho", elas dizem, "e no entanto olhe para o mundo. Se Deus é Deus, e se Deus é o que a Bíblia diz ser, como essas coisas podem acontecer? Olhe para o sofrimento de inocentes e veja como o mal, a descrença e o egoísmo florescem e vivem um momento tão favorável. O caminho da piedade não parece compensar em um mundo como este. Olhe para as injustiças, veja a crueldade, veja as pessoas que nascem cegas ou coxas. Quem pode acreditar no Deus da Bíblia diante de coisas assim?" Esse é o tipo de argumento: um questionamento e a dúvida da bondade de Deus, da justiça de Deus, de Sua retidão e benevolência.

E as pessoas dizem: "Veja o problema das guerras. Por que Deus permite que ocorram? Se existe um Deus, como Ele pode permitir tal coisa? Por que não as impede? Você diz que Ele é onipotente, bem, se Ele tem o poder, por que não o usa? Se Ele existe, pode ser que não seja bom ou nem mesmo onipotente". Elas fazem várias declarações sobre Deus, uma após outra, e também questionamentos. "Encare a situação", dizem, "não adiantam grandes afirmações. Não adianta falar sobre 'as excepcionais e preciosas promessas' de Deus. Porque elas não estão sendo realizadas?"

E as pessoas gostam particularmente de questionar a segunda vinda de Cristo. "O que houve com a promessa da Sua vinda?", perguntam. Exatamente a mesma pergunta feita nos tempos do Novo Testamento (2Pe 3:4). A pregação era que o Cristo de Deus havia vindo e perpetrado esta grande salvação. Voltara então para céu, onde está sentado à direita de Deus até que os Seus inimigos sejam colocados como estrado dos Seus pés. Mas Ele voltaria novamente para julgar e remover do mundo tudo o que se opõe a Deus. Então estabeleceria Seu reino, "novos céus e nova terra, onde habita a justiça" (2Pe 3:13b).

"Ah", dizem os céticos, "tudo bem, mas onde está a vinda prometida? É muito bom pregar uma coisa assim, mas veja o tempo que já passou. Você teve 2 mil anos de pregação cristã, mas o mundo não parece muito melhor. Se o seu Evangelho é verdadeiro, por que não é todo mundo cristão? Por que o mundo não está livre de guerra e pestilência, e onde está esse retorno de Cristo do qual você fica falando? Vai acontecer? Deus pode enviá-Lo? Ele quer enviá-lo?"

Essas são as perguntas, e esse é o problema abordado aqui pelo profeta; portanto, quero considerá-lo com vocês e mais uma vez mostrar como, à luz disso, Isaías tem tudo para dizer o que precisamos ouvir, a resposta completa e perfeita, e esse é ainda o caráter de Deus. Essa é sempre a resposta. Nossa ideia totalmente inadequada de Deus, nossa indigna concepção Dele explicam todas as nossas dificuldades e nossos problemas, todas as nossas dificuldades em acreditar nessa mensagem cristã.

Não a entendemos. Esse é o problema. Deus é tão bom e tão extraordinário que tropeçamos a cada passo. Pensamos que entendemos, que somos competentes para fazê-lo, e criamos nossas perguntas e as analisamos com nossa mente, e, como Deus não está de acordo com o que pensamos, dizemos: "Esse ensinamento sobre Deus está errado. Não pode ser verdade". Insisto em dizer que todos os nossos problemas se justificam em razão de nossa trágica incapacidade de compreender o caráter de Deus.

Então ouçam o profeta quando nos mostra mais três aspectos do caráter de Deus. Há alguém que esteja com problemas exatamente nesse ponto? Vocês não conseguem entender os caminhos de Deus. Dizem que querem acreditar, que desejam conseguir acreditar, mas falam: "Não posso cometer suicídio intelectual. Preciso conhecer minha posição. Ter algum tipo de explicação. Estou desconcertado com o contraste entre o que me dizem e o que vejo e sei". O profeta Isaías, ao responder, começa colocando-nos face a face com a santidade de Deus. Ouçam-no aqui na primeira declaração, em que repete o desafio que apresentou no versículo 18, mas observem a diferença entre o versículo 18 e o 25. No 18, lemos: "A quem vocês compararão Deus? Como poderão representá-lo?", enquanto o versículo 25 diz: "Com quem vocês me compararão? Quem se assemelha a mim?, pergunta o Santo". Observe o novo termo: "o Santo". Essa é a descrição de Deus para Si mesmo. É a maneira pela qual a Bíblia sempre se refere a Ele, e também a maneira por meio da qual as Escrituras sempre nos encontram e nos respondem quando estamos nesse tipo particular de dificuldade. Sempre fazem a notável afirmação de que Deus é santo.

Agora, a Bíblia não discute a santidade de Deus. Proclama-a. E é exatamente nesse ponto que mais nos diferimos de Deus e encontramos nossa maior dificuldade. Não conseguimos conceber a santidade de Deus; não conseguimos entender o que significa. Se há um aspecto, acima de qualquer outro, no qual todos nossos poderes e nossas faculdades devem ser vistos como as coisas ínfimas que são, é o de tentarmos ponderar a santidade indescritível de Deus. Nossas mentes ficam confusas com a grandeza, o poder e a majestade Dele, e sentimos que nossas avaliações são muito fracas. Mas é quando consideramos a qualidade de Deus chamada de santidade que todo nosso conhecimento, nossa filosofia e nossa competência nos falham. Todos se tornam quase que inúteis. Por quê? Porque Deus é fundamentalmente diferente.

Não é comum que eu tenha algo de bom a dizer para qualquer tipo de teologia moderna, mas há um enfoque que acredito ser excelente: a grande ênfase colocada na "diferença qualitativa" entre Deus e os seres humanos. Se não começarmos nesse ponto, nunca conseguiremos chegar a lugar algum, pois o que mais nos diferencia e separa de Deus é exatamente Sua santidade, Seu caráter moral. Estamos separados de Deus em todos os aspectos, mas em nenhum deles mais do que esse. Na presença de Deus estamos diante de algo tão completamente diferente de nós que não podemos nem tentar entendê-lo, e não há nada que possamos fazer senão nos humilhar, nos prostrar de joelhos e adorar, reconhecendo nossa imperfeição. A Bíblia, repito, não discute; afirma essa verdade

Não são os problemas particulares de vocês que constituem o seu *verdadeiro* problema. Seu problema não é entender os milagres. Se vocês entendessem Deus, não teriam dificuldade com os milagres. Mas não O entendemos. As categorias são muito elevadas, muito importantes, muito exaltadas. É o próprio Deus! E o que a Bíblia afirma sobre Deus, acima de tudo, é Ele ser essencialmente santo. A característica que torna o Senhor Deus é Sua santidade indescritível. Quase hesito em pregar esse tema, mas não estou aqui para escolher temas. É minha tarefa apresentar a Palavra, e Deus ficou feliz por nos revelar a Si próprio e a Sua santidade. Por isso nos deu os Dez Mandamentos e a lei moral. Essa foi a mensagem transmitida aos profetas. Isso foi supremamente revelado em Seu Filho. E foi isso que o Filho ensinou no Sermão da Montanha. Santidade. "Consagrado ao Senhor" (Êx 28:36b).

A mensagem completa da Bíblia, em certo sentido, é: "Sejam santos, porque eu sou santo" (1Pe 1:16). Ouçam o que as Escrituras nos dizem sobre Deus. "Deus é luz; nele não há treva alguma" (1Jo 1:5b). Conseguem conceber isso? Onde está sua consciência? Onde está sua filosofia? Onde está sua compreensão? Isso é Deus; nenhuma escuridão. Indescritível, sem mistura, luz absolutamente eterna. Mesmo tais palavras são apenas uma figuração para a santidade de Deus, e inadequadas. Ele não tem qualquer conexão com o mal. Ele é de um semblante tão puro que não se pode sequer olhá-Lo. É isso o que a Bíblia diz. O que é Deus? "Deus é fogo consumidor!" (Hb 12:29); "o único que é imortal e habita em luz inacessível, a quem ninguém viu nem pode ver" (1Tm 6:16). Isso é Deus. O fogo consumidor, diz a Bíblia.

Mesmo as próprias Escrituras constantemente nos confessam que não conseguem explicar Deus. Palavras também são insuficientes, inadequadas. Indignas. Nossos próprios termos e nossas categorias estão contaminados pelo pecado, e, portanto, de certa maneira, qualquer coisa que digamos sobre Deus diminui a Sua glória. Graças a Deus, foram-nos dadas essas imagens e figuras, mas elas nos levam apenas ao limiar. O que posso dizer de melhor sobre isso do que lembrar que Seu Filho Unigênito, que assumiu para Si a semelhança da humanidade pecaminosa, na véspera de morrer orou: "Pai Santo" (Jo 17:11). Ele, e somente Ele na terra, conhecia a santidade de Deus.

Então, o que significa santidade? Significa justiça indescritível. Significa que Deus é verdade, que Deus é luz e que tudo o que Deus faz é controlado pela verdade, pelo direito e pela justiça. Assim é Deus. Portanto, no momento em que vocês e eu tentamos considerar e entender qualquer coisa que Deus faz neste mundo, devemos sempre começar com a categoria de santidade. Tudo o que Ele faz comunga com esse caráter e essa natureza. No entanto, como cristãos, apesar de não compreenderem muitas coisas, vocês precisam dizer que Deus é luz, e que é certo tudo o que Ele faz.

Então, nossa dificuldade é esta: se assim é Deus, estamos com problemas porque somos totalmente diferentes. Em vez de começar com a verdade, começamos com a felicidade, não é? A característica que governa o nosso pensamento é o egoismo, o egocentrismo. Não estamos eliminados da santidade, da verdade absoluta, da retidão e da justiça. O que queremos é facilidade e conforto. Queremos determinadas coisas para que possamos nos divertir. Vemos tudo sob o prisma da nossa felicidade e paz. O interesse próprio rege todas as nossas decisões. Portanto, o choque é inevitável. Há Deus em Sua santidade, e aqui estamos nós em nosso pecado e indignidade. E, como Deus faz tudo partindo do ponto de vista da santidade, não entendemos e não gostamos disso.

Sejamos francos e honestos e admitamos a verdade. Não gostamos de falar sobre justiça, não é? Não gostamos de falar sobre castigo ou punição. Dizemos: "Se Deus é amor, então, é claro, não deve existir essa coisa de castigo". E não gostamos da lei de Deus, essa ideia de que Ele estabeleceu os Dez Mandamentos e disse que, se não os seguirmos, nos punirá. "Ah", dizemos, "está tudo errado." Sim, e falamos isso porque somos governados pela luxúria, pelo desejo e pela paixão; porque queremos ter o melhor de cada mundo concebível; porque queremos tudo do nosso jeito; e porque nossas categorias de julgamento estão todas dentro de nós mesmos, autocentradas e egoístas. Mas repito que Deus é completa, total e absolutamente diferente.

Já lembrei que os filhos de Israel tinham sempre dificuldades nesse aspecto. Quando tudo estava bem, eles se esqueciam de Deus e davam as costas para Ele, mas, no momento em que as coisas davam errado, diziam: "Por que Deus está fazendo isso conosco?". Qual o problema com eles? É jamais acreditarem que mereciam punição. A natureza humana, como toda criança, pensa assim: *Sim, fiz algo que eu sabia que estava errado, mas não mereço ser punido por isso, e meu pai e minha mãe estão sendo severos e cruéis. Por que eu deveria ser punido?* Todos nos sentimos assim; todos dizemos isso, e, como seres humanos diante de Deus, ainda vamos dizer isso. Não entendemos o Santo. Não sabemos que todos os caminhos de Deus são santos, virtuosos e justos. Não estamos preparados para dizer: "Não agirá com justiça o Juiz de toda a terra?" (Gn 18:25b).

Permitam-me colocar isso de forma bastante clara. Vocês sabem por que as pessoas dizem que não conseguem acreditar que Jesus de Nazaré era Deus tanto quanto homem, e por que não conseguem aceitar a concepção de duas naturezas em uma pessoa, afirmando que filosoficamente consideram isso impossível? Vocês sabem por que elas tropeçam na doutrina da encarnação e não conseguem acreditar que o Filho de Deus tenha literalmente descido à terra e vivido entre nós? Eu lhes direi: é porque nunca souberam o que é o pecado. Porque nunca souberam que o pecado é "extremamente pecaminoso" (Rm 7:13). Se soubessem, teriam percebido que nada além da vinda do Filho de Deus poderia salvá-los e que a encarnação era absolutamente necessária. Mais uma vez, por que as pessoas tropeçam na cruz? Por que Cristo crucificado é uma ofensa? Porque aceitar a cruz é aceitar que essa foi a única maneira por meio da qual Deus poderia salvar a raça humana; aceitar que vocês, eu e todas as outras pessoas pecamos tão profunda e horrivelmente que não havia mais nada que Deus pudesse fazer para nos perdoar essa dívida. E não gostamos disso. Ah, sim, acreditamos em Cristo como Aquele que cura nosso corpo. Acreditamos Nele como professor. Acreditamos Nele como um exemplo. Mas há uma coisa que as pessoas odeiam: dizer que Cristo morreu pelos pecados delas e que é por meio do sangue Dele que estão salvas. As pessoas não gostam de sangue e da "teologia do sangue". Por que não? Digo novamente que não entendem a santidade de Deus. Pensam que Ele pode piscar na hora do pecado e fingir que não o viu. Mas, se Deus fizesse isso, não seria santo. Pensam que Deus pode simplesmente tampar o pecado e fazê-lo parecer respeitável. Mas a santidade não pode fazer tais coisas.

Somente quando tiverem entendido o que significa "Deus é luz; nele não há treva alguma" (1Jo 1:5b) estarão autorizados a questionar o que Deus faz. Vocês precisam ter sua mente limpa, purificada, purgada do pecado, do egoísmo, da fealdade e da maldade. Precisam ter a luz de Deus em vocês. Só assim começarão a entendê-Lo, poderão dizer, com Seu Filho Unigênito, "Pai Santo", venerando-O e adorando-O mesmo quando ficam diante da cruz em que Ele foi crucificado. A santidade de Deus.

Então, em segundo lugar, o profeta enfatiza aqui o imutável, ou a imutabilidade de Deus. Mais uma vez, sem surpresa, temos problemas neste momento. Como o salmista diz (Sl 50:21), persistiremos em pensar em Deus como se Ele fosse apenas outro como nós. E, claro, os seres humanos ficam cansados, e acabamos fazendo promessas e não as cumprindo. À medida que nos tornamos mais velhos, nossa energia diminui. Perdemos nossa tenacidade e não conseguimos mais fazer as coisas de antes. E, como consideramos Deus à nossa imagem, imaginamos que Ele também fica cansado e distraído.

De novo, à medida que crescemos neste mundo, tendemos a esquecer detalhes. Além disso, tendemos a esquecer pessoas menos bem-sucedidas. Tornamo-nos tão grandes que sequer nos incomodamos com elas. Pode ser que tenhamos crescido com elas, mas, conforme avançamos, esquecemos isso. Tornamo-nos tão grandes que ficamos alheios à existência dos outros. Essa é a natureza humana, não é? E pensamos que Deus é assim. Pensamos no próprio argumento da grandeza de Deus na criação, e o apresentamos como prova. Dizemos: "Como pode um Deus tão grande se interessar por um simples verme miserável como eu? Será que o Senhor, que controla o universo como se fosse nada e considera as nações como o pequeno grão de poeira da balança, poderia interessar-se por minha pessoa? Isso é exigir o impossível".

E foram esses os argumentos que os filhos de Israel usavam. Diziam que Deus devia estar ficando cansado, que Ele se esquecera deles, e que não mais era justo. Havia feito a promessa, mas esquecera-Se dela, portanto, não a estava cumprindo. E a resposta do profeta a tais queixas é esta:

> Ergam os olhos e olhem para as alturas. Quem criou tudo isso? Aquele que põe em marcha cada estrela do seu exército celestial, e a todas chama pelo nome. Tão grande é o seu poder e tão imensa a sua força, que nenhuma delas deixa de comparecer! [...] Será que você não sabe? Nunca ouviu falar? O Senhor é o Deus eterno, o Criador de toda a terra. Ele não se cansa nem fica exausto, sua sabedoria é insondável. (versículos 26 e 28)

O que tudo isso significa? Permitam-me resumir. Isaías está dizendo que Deus é invariável, imutável e eterno. Ele nunca varia. Não há modificações Nele. Na verdade, Isaías vai mais longe. E diz que Deus é incapaz de mudar. Esta é a definição de Deus: "EU SOU O QUE SOU" (Êx 3:14). Eu devo ser o que devo ser, desde a eternidade e até a eternidade. O tempo não produz vincos na fronte do eterno. Ele é eternamente, e para sempre, o mesmo. Ele é a fonte de toda a força e de todo o poder. Deus nunca se cansa: "sim, o protetor de Israel não dormirá, ele está sempre alerta!" (Sl 121:4). Essa é a primeira resposta.

A segunda resposta de Isaías refere-se ao fato de Deus ainda estar no controle de tudo. Ele não só fez o mundo, mas o mantém por meio de Sua maravilhosa providência. Assim, dá vida, fôlego e existência a tudo. Se Ele retira Seu Espírito, tudo morre. Todos morreríamos em um segundo se Deus não nos mantivesse vivos. Esse é o ensinamento das Escrituras. As estrelas no firmamento e todas as maravilhas da natureza, Deus mantém tudo sob Seus olhos. Ele conhece a todos. Tudo está sob Seu poderoso controle, e Ele nunca Se modifica e nunca Se cansa. Emite Sua energia, mas ela não diminui. É eterna, interminável em sua origem.

Mas, graças a Deus, tenho algo ainda mais incrível para lhes dizer. Apesar de Deus ser tão grandioso, Ele nos conhece a cada um. Isaías usa uma comparação maravilhosa aqui: "Ergam os olhos e olhem para as alturas. Quem criou tudo isso?". Isaías levou vocês para uma noite estrelada. Ele diz: Olhem para todas essas estrelas. Vocês conseguem contá-las? Mas vocês sabem, Deus as conhece uma a uma! "Aquele que põe em marcha cada estrela do seu exército celestial, e a todas chama pelo nome. Tão grande é o seu poder e tão imensa a sua força, que nenhuma delas deixa de comparecer!" (versículo 26).

Embora seja tão grandioso e tão poderoso, Ele as conhece individualmente. É o Senhor de tudo e, no entanto, tem conhecimento íntimo e detalhado. Sua energia e Seu poder se manifestam não apenas de forma geral, mas no particular. Não há nada que eu conheça em todo o universo do Evangelho que seja mais maravilhoso do que o Deus eterno e infindável conhecer-me. Ele não é como os poderosos homens da terra que esquecem os pequenos e os insignificantes e que não podem ser incomodados com detalhes. Oliver Wendell Holmes[30] estava perfeitamente certo:

> *Centro e alma de todas as esferas*
> *No entanto, de cada amoroso coração quão perto.*

Vejo uma importante e maravilhosa ilustração disso na vida do amado Filho de Deus, que disse: "Quem me vê, vê o Pai" (Jo 14:9b). Quando olho para Ele, é isso que encontro. Lá está Ele um dia, cercado por uma grande multidão, "espremido", conforme nos foi contado, pessoas acotovelando-se sobre Ele, que está em uma jornada e mal consegue se mover por causa da imensa multidão. Então, de repente, Ele para, vira-se e diz: "Quem tocou em mim?" Está sendo tocado por todos os lados! Mas Ele diz, em efeito: "Alguém tocou em mim". Afinal, havia sentido a mão de uma pobre mulher com hemorragia, extremamente necessitada. Ela O tocou, e Ele o soube (Lc 8:43-48). O Senhor do universo, mas conhece a mulher que O tocou e está ciente do problema pessoal dela.

Ainda mais maravilhosamente, eu O vejo na cruz, levando no Seu corpo sagrado os pecados do mundo inteiro, vivenciando a vergonha e a agonia de tudo. Lá está Ele, submetendo-Se, e a poderosa negociação está acontecendo entre o Pai e o Filho. Vocês pensariam que com esse problema, em tal situação, Ele não teria tempo para ninguém, nem para nada mais. Mas, ainda que estivesse lidando com o cosmos, ele teve tempo para

---

30 Oliver Wendell Holmes (1809-1894) foi um médico americano, professor, palestrante e escritor, considerado um dos melhores escritores do século XIX. Sua obra em prosa mais famosa é *Breakfast-Table*. Também é reconhecido como um importante reformador da Medicina. (N.T.)

ouvir um ladrão que estava morrendo ao Seu lado, a quem se dirigiu, em meio a Sua agonia, dizendo: "Hoje você estará comigo no paraíso" (Lc 23:43).

Deus não conhece só as estrelas uma a uma; Ele nos conhece um por um. Ouçam minha autoridade; isso foi o que o Senhor Jesus Cristo falou sobre Si. Ele olhou para Seus discípulos, então bastante assustados, e disse: Vocês não precisam ficar assustados. "Até os cabelos da cabeça de vocês estão todos contados" (Lc 12:7). O eterno Deus "se assenta no seu trono, acima da cúpula da terra, cujos habitantes são pequenos como gafanhotos. Ele estende os céus como um forro, e os arma como uma tenda para neles habitar" (versículo 22); Ele conhece vocês, até contou os cabelos de cada um. Se vocês estão em Cristo, não há nada que possa lhes acontecer fora de Deus. "Não se vendem dois pardais por uma moedinha? Contudo, nenhum deles cai no chão sem o consentimento do Pai de vocês" (Mt 10:29). Vocês não conseguem entender esse tipo de coisa. Deixem de lado sua filosofia. Deixem-na em casa, meus amigos. Ela é muito pequena. O Senhor do universo, interessado na queda de um pardal, o Deus do céu dando-se ao trabalho de contar os cabelos de cada um, porque ama vocês e porque em Cristo Ele é Pai de todos. A santidade de Deus e a imutabilidade de Deus.

Por fim, Isaías responde a nossas dúvidas e perguntas mostrando-nos a eterna sabedoria de Deus: "sua sabedoria é insondável" (versículo 28). Como somos tolos em tentar compreender. Não conseguimos entender o que está acontecendo neste mundo e, portanto, questionamos e duvidamos. Tudo em razão de nossa mente tão pequena. A resposta da Bíblia está em Deus ter o Seu propósito. Ter Seu plano. Ele vê o fim desde o início. Seu plano de salvação foi preparado antes da própria criação do mundo. Deus sabe o que está fazendo. "Ele conhece o caminho que toma", como diz a autora de hinos, A. L. Waring.

Vocês e eu não conhecemos o caminho. A vida parece contraditória: uma coisa funciona de uma maneira; outra coisa, de maneira diferente. Dizemos: "Do que se trata isso?". Não entendemos. Mas Deus sabe. Ele vê o fim com tanta clareza quanto vê o começo. Vocês e eu, com nossa pequena mente e entendimento, vemos apenas um fragmento da história, aquele em que vivemos. Em nosso egoísmo, dizemos que este é o período mais importante da história do mundo, porque estamos vivos! Nossos pais falaram a mesma coisa, e nossos avós também. Vemos esse mero fragmento e dizemos que não compreendemos. Porém, se inserirem esse fragmento no contexto todo, começarão a entender um pouco, mas só Deus pode entendê-lo inteiramente. "Sua sabedoria é insondável."

Deus permite muitas coisas que não conseguimos compreender, mas Ele sabe o que está fazendo. Leiam o maravilhoso capítulo 11 da Epístola aos Romanos, no qual Paulo, ao lidar com o questionamento dos judeus, assume o mesmo argumento à maneira dele. Os filhos de Israel são o povo de Deus, e ainda assim estão rejeitando o Evangelho, enquanto os gentios acreditam nele. Como entendermos essa situação? Onde está o plano de Deus? Os judeus são o povo de Deus? Essa é a questão. E a resposta de Paulo é que Deus permite coisas. Não compreendemos, mas Deus tem um plano; e perfeito. Ele planejou tudo, e tudo está acontecendo de acordo com o plano divino. Assim sempre foi, e sempre será. Um pouco adiante, em sua profecia, Isaías, depois que Deus lhe apresentou parte do plano, explode e diz o seguinte: "Verdadeiramente tu és um Deus que se esconde, ó Deus e Salvador de Israel" (Is 45:15). Ele quer dizer: Agora entendo. O Senhor está escondendo Seus brilhantes projetos, e eu, porque não conseguia entendê-los, perguntava-me o que o Senhor estava fazendo.

Tudo o que tenho tentado dizer a vocês é perfeitamente visto, parece-me, na cruz na colina do Calvário. Lá, afirmo com reverência, está a coisa mais estranha que Deus já fez. Ele enviou Seu Filho ao mundo e permitiu que morresse na cruz. Como entender? Existe apenas um caminho, e à luz da santidade de Deus, que dita que o pecado deve ser punido e que Deus não pode perdoar a nenhum pecador até que isso aconteça. Deus não pode voltar atrás em Sua própria palavra e em Sua própria lei, a expressão de Seu ser. E Deus disse que aquele que pecar deve morrer: "pois o salário do pecado é a morte" (Rm 6:23a). Soa estranho no início, mas, quanto mais se olha para aquela cruz, mais se entende a perfeição dos caminhos de Deus, vendo que estão além do questionamento e da compreensão. A cruz é a sabedoria de Deus. Tudo ao redor parecia errado. O mundo parecia triunfar, enquanto o Filho de Deus estava sofrendo. Fora derrotado. Morreu e foi colocado em um sepulcro. Sim, mas voltou para o triunfo, a vitória e a glória!

Portanto, não tentem entender o inescrutável, mas vejam na cruz a santidade imutável de Deus. Vejam lá que Deus sabe o que está fazendo. Vejam a incrível sabedoria de Deus ao criar um modo de nos salvar. Vejam que Deus pode ser "justo e justificador daquele que tem fé em Jesus" (Rm 3:26b). O problema não envolvia apenas o perdão, mas também como Deus pode perdoar de tal modo que ainda permaneça justo. Esse é o significado da cruz. O Deus justo está punindo o pecado e, contudo, Ele é o justificador dos ímpios. Como? Bem, puniu o pecado em Jesus e, portanto, pode perdoar ao pecador. Sua justiça é confirmada. Sua santidade permanece imaculada, e, entretanto, homens e mulheres podem ser perdoados. A aparente derrota é a maior vitória. Aí vocês veem a santidade de Deus, Seu caráter imutável e a sabedoria eterna e infinita de Dele. E então, finalmente, chegamos aos últimos três versículos deste maravilhoso capítulo, nos quais encontramos Isaías lidando com a última dificuldade em relação à crença no Evangelho. O argumento baseia-se na fraqueza humana. A queixa é que, mesmo admitindo a força de Deus, o Evangelho não pode cumprir o que promete porque homens e mulheres são muito fracos. É claro, as palavras de Isaías nos versículos de 29 a 31 devem ser entendidas principalmente em termos das dúvidas expressas pelos filhos de Israel quando foram levados como prisioneiros para a Babilônia. Que fracos e indefesos eram! Assim, como aconteceriam as boas-novas de libertação que Isaías havia sido instruído a proclamar?

Mas a resposta de Isaías continua a mesma, e aplica-se igualmente aos filhos de Israel e àqueles que duvidam do Evangelho cristão. O problema, sempre, é a falha em entender a natureza da salvação. Primeiro, precisamos entender que a salvação é inteiramente de Deus, a Quem nada é impossível. Além disso, precisamos sempre entender que não podemos emitir julgamentos baseados em nosso raciocínio humano, pois a salvação está em total contraste com tudo o que podemos pensar ou até mesmo já pensamos ou vivenciamos. Precisamos lembrar sempre que o Evangelho é milagroso. Essa é a mensagem primordial do profeta, e podemos colocá-la na forma de três proposições.

Em primeiro lugar, no versículo 30, Isaías nos mostra a *total incapacidade da humanidade*: "Até os jovens se cansam e ficam exaustos, e os moços tropeçam e caem". É fatal não perceber que esse princípio se revela absolutamente básico e fundamental. É uma verdade que Isaías apresenta graficamente: mesmo a despeito da força, do vigor e da vitalidade, os jovens se cansarão e ficarão exaustos. Mas, além disso, mesmo os moços – os homens que foram escolhidos para o serviço militar, os mais fortes de todos –, mesmo esses com certeza se "cansarão" ou "ficarão exaustos". Homens na melhor condição, com todas suas habilidades e seu empenho, jamais triunfarão.

"Mas isso é realmente verdade?", alguém talvez pergunte.

E minha resposta a essa pergunta é: você já considerou o que teríamos de fazer para alcançar nossa salvação? Teríamos de lutar contra o mundo, a humanidade e o diabo. Teríamos de manter a lei de Deus e glorificá-Lo em tudo em nossa vida. E, finalmente, teríamos de estar aptos a comparecer perante Ele no Dia do Julgamento. E, claro, ninguém jamais conseguiu cumprir todas essas exigências e ninguém jamais conseguirá. "Pois todos pecaram e estão destituídos da glória de Deus", diz o apóstolo Paulo (Rm 3:23); e, "Não há nenhum justo, nem um sequer" (Rm 3:10). Paulo também nos apresenta tais ideias no capítulo 7 de Romanos. Mesmo o melhor e o mais forte dos santos do Antigo Testamento, nas palavras de Isaías, tornar-se "fraco", pois eles não têm nenhum "poder".

Porém, a segunda proposição de Isaías relaciona-se *ao que Deus tem nos proporcionado*: "mas aqueles que esperam no Senhor renovam as suas forças. Voam bem alto como águias; correm e não ficam exaustos, andam e não se cansam" (versículo 31). E é aí que surge o milagre do Evangelho: o caminho de salvação de Deus, e tudo nos é concedido em Cristo por meio do Espírito Santo.

Que caminho é esse? Bem, não é só o perdão e a misericórdia. Embora ambos sejam essenciais, significam apenas o começo. Há mais. Deus não apenas nunca se cansa nem fica exausto, mas também pode dar vigor a quem está sem forças e fortalecer os cansados. E, mais uma vez, Ele concede renovação – "renovam as suas forças" – e regeneração. Este é o milagre: nova vida, nova natureza e nova força e poder. E é tudo de Deus em Cristo – Cristo conosco.

E podemos ir ainda mais longe: aqui, no versículo 31, Isaías descreve detalhadamente o funcionamento da força e do poder de Deus dentro do cristão. Primeiro, Seu poder é suficiente para cada tarefa e para cada julgamento que nos confrontem na vida. Segundo, é suficiente para cada fase de nossa vida. Terceiro, Cristo prometeu que jamais nos deixará ou renunciará a nós, e jamais nos faltará.

Isso é ensinado em todo lugar das Escrituras. "Finalmente", diz Paulo aos Efésios, "fortaleçam-se no Senhor e no seu forte poder" (Ef 6:10). Ele já havia lhes dito que Deus "é capaz de fazer infinitamente mais do que tudo o que pedimos ou pensamos, de acordo com o seu poder que atua em nós" (Ef 3:20). Então, em Filipenses 4:13, Paulo diz: "Tudo posso naquele que me fortalece". O escritor, dirigindo-se os hebreus, dá a mesma mensagem quando lembra aos leitores que Baraque, Gideão, Sansão e os outros descobriram que "da fraqueza tiraram força" (Hb 11:34). Muitos de nossos compositores de hinos expressam a mesma verdade:

Preciso de Jesus! Unido a Ti, Senhor,
Pecado e tentação não mais terão vigor.

Preciso de Jesus! Domina Tu meu ser!
Em santa retidão ensina-me a viver.[31]
(Annie S. Hawks)[32]

Sou fraco, mas Tu és poderoso,
Segura-me com Tua poderosa mão.
(William Williams)[33]

Ou, mais uma vez,

Repouso do fatigado,
Regozijo do melancólico,
Esperança do sombrio,
Luz do alegre,
Lar do estrangeiro,
Força até o fim,
Refúgio do perigo,
Salvador e Amigo!

Quando meus pés vacilam,
A Ti suplico,
Coroa dos humildes,

---

31 *Preciso de Jesus*, versão brasileira da música *I Need Thee Every Hour*, de Annie S. Hawks.

32 Annie Sherwood Hawks (1836 - 1918) foi uma poeta americana e compositora de hinos; escreveu vários deles com o pastor Robert Lowry. Ela contribuiu para vários hinos populares da Escola Dominical e escreveu as letras de uma série de hinos até hoje bem conhecidos. (N.T.)

33 William Willams (1717-1791) é considerado o maior poeta do País de Gales. Ele também foi uma das principais pessoas durante o movimento de vigília metodológica no País de Gales durante o século XIX junto com Daniel Rowland e Howell Harris. (N.T.)

Cruz dos importantes;
Quando meus passos vagam,
Sobre mim se curva,
Mais verdadeiro e mais afetuoso,
Salvador e amigo.
(J. S. B. Monsell)[34]

Está tudo Nele. A terceira proposição de Isaías refere-se à *existência de uma maneira de vivenciar isso*. Primeiro, em relação à nossa responsabilidade, ele diz que "aqueles que esperam no Senhor renovam as suas forças", percebendo nossa fraqueza absoluta, olhando para Ele pela fé e obedecendo-Lhe. Em segundo lugar, precisamos perceber nossa absoluta inescusabilidade. Não existem desculpas para nossa ignorância porque tudo nos foi revelado no Evangelho. E, diante de tal força, não temos desculpas para a fraqueza. Como Isaías nos diz: "Ele fortalece ao cansado e dá grande vigor ao que está sem forças". Ele nos assegura tudo.

Portanto, meus amigos, agora como reagimos a este Evangelho de Deus? É claro que todos pecamos e que cada um merece punição, morte e inferno. Vimos que Deus proclamou isso, e, quando Deus diz algo, é verdadeiro. Essa é a verdade sobre todos nós. Mas Deus, em Seu amor, tem providenciado o caminho da salvação em Seu Filho Unigênito, por meio da morte na cruz, e neste mesmo instante oferece perdão e misericórdia a quem crê Nele. Concede reconciliação, vida nova e uma esperança eterna e abençoada. São essas as promessas de Deus, as quais nunca mudarão. Além disso, Ele concede a renovação da força e do poder

---

34 Rev. John Samuel Bewley Monsell (1811-1875) foi clérigo e poeta anglicano irlandês. (N.T.)

– o poder do Deus Todo-Poderoso, que nunca se cansa ou se enfraquece – para que sejamos capazes de voar bem alto como águias e superar todas as dificuldades e os problemas que possamos encontrar.

Entretanto, como conseguimos aplicar isso tudo em nossa própria vida? Há apenas uma chave, se me permitem assim falar, que abre o coração do Senhor Jesus Cristo. É a do *arrependimento*. A do reconhecimento do pecado. A que faz um homem ou uma mulher dizerem: "Não sou nada. Tenha misericórdia de mim". Tal atitude, para Deus, é irresistível; Ele sempre reage derramando as riquezas de Sua graça. Oh, que Deus abra nossos olhos para a tragédia de rejeitá-Lo.

FONTE: Afta serif

#Ágape nas redes sociais

www.agape.com.br